AF525313

Fabian von Poser · Agnès Kah

Lesereise Kamerun

Fabian von Poser · Agnès Kah

Lesereise Kamerun

Im Angesicht des Gorillas

Picus Verlag Wien

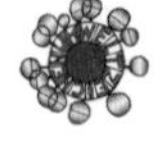
Gedruckt nach der Richtlinie des
Österreichischen Umweltzeichens
„Druckerzeugnisse“,
Christian Theiss GmbH, Nr. 869

Grafische Gestaltung: Dorothea Löcker, Wien
Umschlagabbildung: © mauritius images/jbdodane/Alamy
Druck und Verarbeitung:
Christian Theiss GmbH., St. Stefan im Lavanttal
ISBN 978-3-7117-1074-1

Informationen über das aktuelle Programm
des Picus Verlags und Veranstaltungen unter
www.picus.at

Inhalt

Stets zu Ihren Diensten, Majestät!

Im Westen Kameruns regiert Fon Abumby II. über eines der kleinsten Königreiche der Welt. Eine Audienz beim Herrscher höchstpersönlich

Seine Exzellenz Fon Abumby II., Herrscher von Bafut, betritt den Palast in einem schneeweißen Umhang und mit schlichten Ledersandalen. Sein Gesicht schmückt ein königliches Lächeln. Doch der Souverän kommt nicht über eine herrschaftliche Treppe. Er trägt keine Krone, kein Zepter und auch keine anderen Insignien, die auf staatliche oder religiöse Würde hinweisen würden. Gemütlich schlappt er aus einer der strohgedeckten Hütten durch den staubigen Vorhof zu seinen Besuchern herüber. Auf dem Haupt trägt Abumby eine gestrickte Haube. Die Augen sind weit geöffnet, die Lippen zu einem Sonnenscheinlächeln geformt. Nur die Hand darf er seinen Besuchern zur Begrüßung nicht reichen, denn das gebührt sich nicht für einen *Fon*.

Es ist heiß, sehr heiß, vielleicht fünfunddreißig Grad, als uns Seine Majestät empfängt. Und es ist dem König eine Ehre. Heute ist Nationalfeiertag in Kamerun, der *Fon* hat eigentlich Verpflichtungen. Doch Abumby II. strahlt: »Ich bin froh, euch persönlich begrüßen zu dürfen. Ihr seid hier, um Bilder unseres Landes in eure Heimat zu tragen.

Macht das und macht viele Fotos, damit die Leute sehen, wie schön es hier ist.« Ein bisschen drollig sieht die königliche Kopfbedeckung aus, die der *Fon* auf dem Haupt trägt. Seine Großmutter könnte sie ihm gestrickt haben. Doch Abumby II. ist stolz auf sein Amt. Nach dem Tod seines Vaters im Jahr 1968 wurde Abumby als elfter *Fon* inthronisiert. Damals war er gerade fünfzehn Jahre alt. Heute ist er vierundsechzig und ein erfahrener Regent.

Abumbys kleines Königreich liegt zwanzig Kilometer vor den Toren der Provinzhauptstadt Bamenda im Westen Kameruns und blickt auf mehr als fünfhundert Jahre Geschichte zurück. »Die Dynastie von Bafut besteht seit 1502«, sagt der König selbstbewusst. Doch Bafut ist nicht das einzige Königreich seiner Art: In der fruchtbaren Hügellandschaft an der Grenze zu Nigeria haben sich in den vergangenen Jahrhunderten zahlreiche Fontümer als politische, soziale und kulturelle Einheiten herausgebildet. Bis heute sind sie Zentren religiöser Riten und traditioneller Zeremonien. Mehr als hundertfünfzig sogenannte »Chefferien« gibt es ganz in Kamerun noch. Mit hundertzwanzigtausend Einwohnern und einundsechzig Gemeinden ist Bafut eine der größten und wichtigsten.

Regiert werden sie von *Fons* wie Abumby. Übersetzt bedeutet das Wort so viel wie »Häuptling« oder »König«. Zwar unterliegen die *Fons* seit der Unabhängigkeit Kameruns im Jahr 1961 der Gerichtsbarkeit des Staates. Sie üben jedoch immer noch eigenständige Verwaltungsausgaben sowie einen Teil der Gesetzgebung und Rechtsprechung aus. Zudem ist der auf Lebzeiten ernannte *Fon* auch oberster Zeremonienmeister an seinem Hof und bietet den Ahnen Opfer an, um das Wohl seines Volkes zu gewährleisten. Und, ganz weltlich: Ein *Fon* lebt polygam und hat nicht selten mehrere Dutzend Frauen.

Das Leben der Menschen in Bafut ist bis heute einfach und von der Landwirtschaft geprägt. Auf den Feldern um Abumbys Palast bauen sie Kaffee, Tee, Kakao, Bananen, Mais, Maniok und Getreide an. Aber auch auf Bildung legt der Herrscher großen Wert. Neben Bafut, einer von mehr als zweihundertachtzig Sprachen in Kamerun, werde in den Schulen auch Englisch gelehrt, berichtet der *Fon*. Bei der Führung durch seine Gemächer erzählt der Herrscher auch von sich selbst. Abumby war in den USA, in Europa und sogar einige Wochen in Deutschland. Der Souverän spricht fließend Englisch und ein wenig Spanisch. »Und ich würde gerne Deutsch lernen«, sagt er. »Aber das ist schwierig, vor allem die Grammatik.«

Die Deutschen waren die ersten Europäer in Bafut, doch die Beziehungen waren nicht immer gut. Bereits das erste Treffen mit dem deutschen Entdecker und Geschäftsmann Eugen Zintgraff im Jahr 1889 stand unter keinem guten Stern, denn Zintgraff verstieß – versehentlich oder nicht – gegen die Hofetikette, indem er den *Fon* mit dem falschen Titel ansprach und aus der königlichen Tasse trank. Bis ins Jahr 1900 widersetzte sich Bafut erfolgreich den deutschen Kolonialherren. Eine Serie von Aufständen zwischen 1901 und 1907 beendeten die Deutschen, indem sie 1907 den Palast und den zentralen Achum-Schrein niederbrannten. Den damaligen *Fon* hielten sie für ein Jahr in einem Gefängnis in Duala fest.

Doch die Bafut unterwarfen sich auch jetzt nicht. Ganz im Gegenteil: Ihre Waffen gaben sie erst ab, als die Kolonisatoren ihren damaligen Fon Abumby I., den Großvater des heutigen Königs Abumby II., freiließen und sich verpflichteten, den abgebrannten Herrschaftssitz wieder aufzubauen. Zwischen 1907 und 1910 wurde der Palast von den Kolonialherren wieder errichtet. Heute ist er eine Mischung aus traditioneller und kolonialer Architektur, die in Afrika ihresgleichen sucht. Im Jahr 2003 wurde der mehr als hundert Jahre alte Bau mit Mitteln der deutschen Botschaft in Jaunde restauriert. Ein kleines Museum zeigt seitdem zahlreiche Ausstellungsstücke aus der frühen Zeit der Chefferie, darunter deutsche Säbel und Büchsen sowie Speere und Giftpfeile der Krieger aus Bafut.

»Vorsicht, nicht anfassen«, scherzt Abumby, als wir das Museum in seinem Gefolge betreten und der *Fon* einen der Pfeile aus einem Köcher zieht. »Das Gift könnte noch wirken.« Ausgestellt sind auch zwei nackte Holzfiguren, die seltsam europäisch aussehen. Sie zeigen den deutschen Entdecker Eugen Zintgraff und seine Frau. Doch es war nicht Zintgraff, der den Namen Bafut nach Europa trug. In unseren Breiten bekannt wurde das Königreich erst sehr viel später, nämlich durch den britischen Naturforscher Gerald Durrell. 1954 beschrieb er in seinem Buch »The Bafut Beagles« die Erlebnisse, die er mit einer Gruppe Einheimischer hatte, als er im Westen Kameruns Tiere für Zoos in England suchte.

Und auch eine andere Europäerin beschrieb die Fontümer im Westen Kameruns: die Französin Claude Njiké-Bergeret. 1943 wurde sie als Tochter eines Missionarsehepaars in Duala geboren. Sie wuchs in Kamerun auf, studierte in Frankreich – und heiratete 1978 als erste Weiße einen *Fon*. Als sechsundzwanzigste Frau ehelichte sie den Bangangté-König François Njiké Pokam. Drei Jahre lang war sie mit ihm verheiratet, brachte zwei Kinder zur Welt, bis die Ehe unglücklich auseinanderging. 2001 erschien ihr Buch über das Leben mit dem *Fon*: »Schwarze Weisheit – Erfahrungen einer Europäerin in ihrem afrikanischen Dorf«.

Auch im 21. Jahrhundert scheinen die *Fons* in einer archaischen Welt zu leben. Doch für Abumby sind Tradition und Moderne kein Widerspruch. Im Gegenteil: Im Westen Kameruns ergänzt sich beides. Heute arbeitet der Herrscher eng mit den Lokalpolitikern zusammen. Sein Einfluss ist groß. Gleichzeitig leben alte Traditionen weiter. Seit 1516 wird in Bafut jedes Jahr Ende Dezember das *Abin*-Fest gefeiert, ein Opferfest für die Ahnen. Bereits eine Woche vor dem Festival bringen die Einwohner von Bafut ihren Göttern und den Vorfahren rituelle Opfer. Am Festtag selbst wird gesungen, Musik gemacht, und vermummte Tänzer tanzen auf drei Meter hohen Stelzen.

Andere Traditionen sind in westlichen Augen ziemlich ungewöhnlich: Vierzig Frauen und zweiundsechzig Kinder habe er, erzählt der *Fon*, als wir in Richtung des zentralen Heiligtums schreiten. Einige der Frauen habe er von seinem verstorbenen Vater übernommen. Heute begleitet uns auch seine Frau Marie. Sie ist fünfundzwanzig Jahre alt und hat bereits vier Kinder vom Herrscher.

Lange nimmt sich der *Fon* Zeit für unsere Fragen. Er erklärt, dass sein Palast mehr als fünfzig Gebäude umfasse, die alle um das zentrale Heiligtum angelegt seien. Er erläutert, dass dies das spirituelle Herz des Palastes sei und wichtige Fetische und Zauberfiguren beherberge. Und dass das Heiligtum nur vom *Fon*, den Königinnen und dem königlichen Gericht betreten werden dürfe.

Als es Mittag wird, brennt die Sonne auf die strohgedeckten Dächer der Hütten nieder. Die Männer und Frauen zeigen den Besuchern die *Juju*-Maskentänze und Gesänge, die auch beim Opferfest Ende Dezember aufgeführt werden. Einige der Königinnen tanzen zu den Melodien der dreihundert Jahre alten »sprechenden Trommel«. Sechs Musiker sind nötig, um das Riesenxylofon *Nighaa Ni Bifh* zu bedienen. Irgendwann während der Vorstellung verschwindet der *Fon* im Gedränge und taucht erst nach einer royalen Viertelstunde wieder auf – nun ganz in seine blaue Feiertagsrobe gehüllt. Bereitwillig lässt er sich mit zwei seiner Lieblingsfrauen fotografieren. Auch Marie ist dabei. Stolz posieren sie vor dem Heiligtum. Dann entschuldigt sich der König: Er müsse jetzt zum Feiertagsdefilee, denn er habe dort wichtige Aufgaben zu verrichten. Noch einmal grinst er und verabschiedet sich ganz herrschaftlich ohne Handschlag. Dann entschwindet der *Fon* genauso leise wie er gekommen ist durch einen Seiteneingang seines Palastes zur Parade. In Bafut, dem Königreich im Westen Kameruns, ist Abumby II. ein gefragter Mann.

Fabian von Poser

Alle gegen Goliath

Im Regenwald Kameruns lebt der größte Frosch der Welt. Doch die Stunden des Goliathfrosches sind gezählt, denn er wird gejagt, sein Lebensraum zerstört und mit Pestiziden vergiftet

An einem Bach im Südwesten der Republik Kamerun kauert ein Mann auf einem Stein. Es ist kurz vor Mitternacht, der Regen hat nachgelassen. Das Wasser liegt flach da wie ein Tischtuch. Es ist still. Nur das Rauschen des Wasserfalls ist in der Ferne zu hören. André Kudhi blickt in die Finsternis. In seiner Rechten hält er ein Netz, auf dem Kopf leuchtet eine schwache Stirnlampe. Seit Minuten sitzt Kudhi beinahe regungslos da. Immer wieder prüft er mit der Hand, ob die Bleigewichte sich nicht verheddert haben. Eine halbe Ewigkeit vergeht. Dann schleudert Kudhi wie aus dem Nichts das Netz ins Dunkel. Drei, vier, fünf Meter fliegt es. Die Maschen öffnen sich wie eine Ziehharmonika. Ein schwarzer Schatten huscht durch das Wasser, die Bleigewichte sinken auf den Grund. Ein perfekter Wurf. Doch Augenblicke später zieht Kudhi ein leeres Netz an Land.

Kudhi ist auf der Jagd nach einem Tier, das die Einheimischen *bébé* nennen. Seinen Namen verdankt es nicht etwa dem kindlichen Aussehen, sondern seiner schieren Größe. Es ist so groß wie ein menschliches Baby und mit bis zu vier Kilogramm auch so schwer. Entdeckt wurde die größte Froschart der Welt im Jahr 1906. Das Verbreitungsgebiet des Tieres, das Wissenschaftler Conraua goliath oder Goliathfrosch nennen, erstreckt sich auf einige wenige Flussläufe im Südwesten Kameruns bis zum Benito-Fluss in Äquatorial-Guinea. Ein Gebiet gerade mal so groß wie Belgien. Doch die Art verabschiedet sich. Still und heimlich. Denn wo die Tiere leben, werden sie gejagt, als Delikatesse verspeist und ihr Lebensraum vom Menschen zerstört.

Auf den mit feuchten Blättern übersäten Abhängen finden Kudhis Sohlen kaum Halt. Der Jäger klammert sich an Farne und Pflanzen, um nicht abzurutschen. Hin und wieder schlägt er mit der Machete einen Ast ab, um schneller voranzukommen. »Die beste Zeit für die Jagd ist, wenn der Mond nicht scheint«, sagt er. »Dann fühlen sich die Frösche sicher.« Der Wald ist übersät mit spitzen Dornen, scharfkantigen Steinen und giftigen Tieren. Doch Kudhi bewegt sich im Dunkel wie auf einer hell beleuchteten Autobahn. Immer wieder leuchtet er mit der Taschenlampe ins Wasser. Manchmal erscheinen ein paar funkelnde Augen im Lichtkegel. »Zu weit weg«, sagt Kudhi dann. Denn meistens ist es so: Sobald sich der Jäger nähert, sucht das Tier das Weite, um unter einem Stein Unterschlupf zu finden oder sich im weichen Sand des Flussbetts zu vergraben.

Es bedarf ausgeprägter Langmut, um eines Goliathfrosches habhaft zu werden, denn Conraua goliath ist ein scheues Tier. Der Frosch bevorzugt sandige Flussbetten mit schnell fließendem, sauerstoffreichem Wasser. Und mit vielen Felsen, die ihm Schutz bieten. In Kudhis Dorf Mangamba, einer Ansiedlung aus zwei Dutzend strohgedeckten Hütten ohne Strom und fließend Wasser, sprechen die Einheimischen von »arrêter les grenouilles«, Frösche verhaften. Doch das Verhaften wird immer schwieriger. Das spürt auch Kudhi. Immer weiter muss der Siebenundvierzigjährige den Tingé-Fluss aufwärts marschieren, immer tiefer in den Wald vordringen. »Noch vor wenigen Jahren fingen wir die Tiere direkt beim Dorf. Heute laufe ich in manchen Nächten zwölf Kilometer, um überhaupt noch einen Frosch zu finden.« Nicht selten ist Kudhi die ganze Nacht unterwegs und kehrt erst im Morgengrauen zurück.

Es ist unmöglich festzustellen, wie viele Goliathfrösche es noch gibt. Wie sollte man sie auch zählen? Doch die Tendenz ist eindeutig: Ihre Zahl sinkt rapide. Das sagen die Jäger, das sagt auch die Wissenschaft. Laut der Weltnaturschutzorganisation IUCN ist die Zahl der fortpflanzungsfähigen Individuen in den vergangenen drei Generationen um fünfzig Prozent zurückgegangen. Deswegen hat sie den Status der Tiere auf ihrer roten Liste bedrohter Arten von »gefährdet« auf »stark gefährdet« hinaufgesetzt. »Die Frösche leben in einem sehr kleinen Verbreitungsgebiet, das nicht einmal flächendeckend besiedelt ist«, sagt Claude Miaud. Miaud ist Evolutionsbiologe und Genetiker am Centre d'Ecologie Fonctionnelle et Evolutive (CEFE) in Montpellier. Ein halbes Leben lang hat sich der Fünfundfünfzigjährige mit Fröschen beschäftigt und ihr Leben auf allen Kontinenten studiert. Neuerdings beschäftigt er sich auch mit dem größten Frosch der Welt. »Ist eine Population so klein wie diese, ist das Risiko groß, dass die Art ausstirbt.«

Das Verhalten des Goliathfrosches ist bis heute weitgehend unerforscht. Ein Großteil des Wissens über die Tiere stammt von Wissenschaftlern, die Anfang des vergangenen Jahrhunderts den zentralafrikanischen Regenwald erforschten. Als gesichert gilt: Der Goliathfrosch wird bis zu fünfzehn Jahre alt und hat einen reich gedeckten Tisch, denn er frisst fast jedes lebendige Wesen, das er von der Größe her überwältigen kann: Insekten, Reptilien, Krebse, Fische und sogar kleine Wasservögel. Die Oberschenkel erreichen bei ausgewachsenen Exemplaren die Dicke eines menschlichen Unterarms, die Augen sind so groß wie Kinderaugen. Auf den ersten Blick eine etwas unpassende Größe für einen Frosch. Warum sind die Tiere also so groß geworden? »Alles eine Frage der Evolution«, sagt Miaud. »Lebewesen haben unterschiedliche Strategien entwickelt, um zu überleben. Größe bringt so gut wie immer Vorteile. Je kräftiger, desto wehrhafter.«

Fällt am Goliathfrosch neben den muskulösen Schenkeln etwas auf, so ist es der riesige Mund. Wissenschaftler vermuten, dass die Tiere ein so großes Maul haben, um möglichst große Beute verschlingen zu können. »Aber vieles wissen wir schlichtweg nicht«, sagt Miaud. »Wir können nur Transfers über andere Spezies machen, die wir besser kennen.« Im Vergleich zu vielen Artgenossen gilt der Goliathfrosch nicht gerade als ausdauernder Springer. Aber er springt weit. Sehr weit. Bis zu fünf Meter. Auch deswegen ist er so schwer zu fangen.

Immer tiefer taucht André Kudhi in den Wald ein. Seinem sehnigen Körper ist es anzusehen, dass er Jäger ist. Im Dorf ist er der Einzige, der mit dem Netz jagt. Kudhi hat das Lächeln eines glücklichen Menschen. Doch das Glück ist nur halb vollkommen, denn seine Frau hat ihn verlassen. Wegen ihr ist er vor vierzehn Jahren ins Dorf gezogen. Kudhi ist Vater von vier Kindern. Jetzt ist er mit ihnen alleine. Froschjäger ist er erst geworden, denn Kudhi gehört nicht dem lokalen Stamm der Bakaka an. Doch heute ist er mit Abstand der Geschickteste im Dorf. In der Trockenzeit von Mitte Dezember bis Mitte Mai geht er zwei-, dreimal die Woche auf die Jagd. Manchmal gehen ihm dabei zehn oder mehr Frösche ins Netz. Kudhi bereitet die Tiere auch für seine Familie zu. Doch eigentlich lebt er vom Verkauf.

Vor einem windschiefen Verschlag aus Brettern und Palmwedeln treffen wir Vanessa, eine junge Frau Mitte zwanzig. Sie ist Kudhis beste Abnehmerin. Ihre Hütte als Restaurant zu bezeichnen, wäre übertrieben. Doch in ihren vier Wänden bereitet die junge Frau alles zu, was die Jäger aus dem Wald heranschaffen. Als wir sie treffen, werden am Feuer gerade ein Gelbrückenducker, ein Schuppentier, ein Stumpfkrokodil und eine Ginsterkatze gegart. Die Hausherrin selbst sitzt im Schatten eines Kaffeestrauchs und seziert mit der Machete einen eineinhalb Kilo schweren Goliathfrosch. Als nur noch die Knochen übrig sind, bindet sie mit feinen Fasern aus Bananenblättern die besten Stücke zusammen. Dann brät sie einige Zwiebeln und Tomaten in Palmöl an. »Der Frosch kommt erst ganz am Ende hinzu«, sagt die Köchin. »Maximal fünf Minuten, sonst wird er zäh.« Wenig später kauen ein halbes Dutzend Münder Goliathgulasch. Das Fleisch sieht appetitlich aus – bis auf die zehn Zentimeter langen Füße mit den bis an die Zehenspitzen reichenden Schwimmhäuten vielleicht.

Die Froschjagd hat in den Dörfern seit Menschengedenken Tradition. Der Goliathfrosch zählt schon immer zu den am stärksten bejagten Froscharten in Kamerun. Jeder hier würde einen Goliath-Schenkel einer Schweinelende oder einem Rinderfilet vorziehen. Sogar die Kaulquappen werden gegessen, entweder als Einlage für Suppen oder in Maismehl frittiert. Am besten beobachten lässt sich das an der Straße zwischen Loum und der Kreisstadt Nkongsamba. Am Straßenrand dampfen Hunderte Garküchen, verkaufen fliegende Händler Tiere aus dem Wald. Im Januar und Februar findet man hier vor allem Goliathfrösche.

Im Dorf Kolla begegnen wir einem jungen Mann namens Pierre Ekane. Neben seinem Job als Friseur arbeitet der Neunundzwanzigjährige in der Jagdsaison als Froschfänger. Mit seinem Babygrinsen und in der grünen Tunika sieht er beinahe selbst aus wie ein Frosch. Es ist ein einträgliches Geschäft, das Ekane betreibt. Sieben Frösche hat er vergangene Nacht gefangen. Sie sind an Schnüren zusammengebunden. Drei, vier an einer Schnur. Lebendig. Wie Marionetten zappeln sie in seiner Hand.

Die meisten Frösche fängt Ekane auf Bestellung. Seine Kunden kommen sogar aus dem zwei Autostunden entfernten Duala. Manchmal sind auch internationale Händler dabei, denn Goliathfrösche sind auch bei Tierzüchtern aus den USA und Europa begehrt. Was nicht vorbestellt ist, verkauft Ekane an der Straße. Je nach Größe verlangt er viertausend bis zehntausend Zentralafrikanische Francs pro Tier, zwischen sechs und fünfzehn Euro. An einem guten Tag macht das hundertfünfzig Euro. Viel Geld im Südwesten Kameruns.

Der Neunundzwanzigjährige weiß, dass die Jagd illegal ist. Aber die Frösche sind sein Lebensunterhalt. Manchmal halten ihn die Beamten der Waldpolizei aus der nahe gelegenen Ortschaft Manjo auf der Straße auf. Dann nehmen sie ihm alle Frösche ab. Laut Gesetz sollten sie die Tiere eigentlich in die Freiheit entlassen. »Aber natürlich essen sie sie selbst«, weiß Ekane. Zwar zählt der Goliathfrosch in Kamerun wie Löwe und Elefant zur schützenswertesten Tierklasse A. Doch niemand kümmert sich darum. Weil niemand über die Einhaltung der Gesetze wacht. Tierschutz in Kamerun ist vor allem eines: Theorie. Natürlich ist es schwierig, das Leid der Frösche anzuklagen, wenn die Menschen hungern. Kurzum: Es ist müßig, den Jägern zu erklären, dass sie die geschützten Tiere besser am Leben lassen, denn wer das fordert, der erhält Antworten wie: »Ihr habt Arbeit, ihr habt Geld. Wir haben nicht einmal etwas zu essen.«

Der größte Feind des Goliathfrosches ist der Mensch. Die Jagd hat die Frösche bislang nicht gefährdet. Und Wissenschaftler sind sich uneins darüber, ob sie es heute tut, denn gesicherte Studien darüber gibt es nicht. Fest steht: Es gibt einen zunehmenden Jagddruck auf die Population. Ich frage Miaud, ob es Sinn machen würde, wenn die Menschen hier keine Frösche mehr fingen. »Wir wissen nicht, ob die Jäger jedes Jahr zwanzig oder fünfzig Prozent der erwachsenen Tiere fangen, deswegen können wir auch nicht sagen, ob die Jagd nachhaltig ist oder nicht.« Aber durch Schusswaffen und immer günstiger werdende Netze aus China wird die Jagd effizienter. »Und wenn die Effizienz in kurzer Zeit um ein Vielfaches steigt, dann hat das unweigerlich auch Auswirkungen auf die Population«, sagt Miaud.

Eine noch größere Gefahr als immer moderner werdende Jagdtechniken ist die Vergiftung durch Pestizide. Die Bevölkerung in Kamerun wächst unaufhörlich, und damit der Bedarf an Feldern und Agrarland. Zwischen Loum und Nkongsamba liegt eine der fruchtbarsten Regionen des Landes. In den grünen Tälern bauen die Einheimischen Bananen, Ananas, Papayas, Kaffee und Kakao an. Doch die Bauern in dieser tropischen Region müssen ihre Pflanzen vor Insekten und Krankheiten schützen. Kurz nach Sonnenaufgang sieht man links und rechts der Straße Hunderte Menschen mit roten, blauen, gelben und grünen Kanistern auf dem Rücken auf den Feldern. Durch lange metallene Rüssel prusten sie grell glitzernde Giftwolken in die Landschaft.

Den größten Schaden fügen der Umwelt im Südwesten Kameruns aber internationale Unternehmen zu. Eine französische Firma pflanzt bei Loum auf dreitausend Hektar Bananen an: leuchtend grüne Stauden so weit das Auge reicht. Exportiert werden die Früchte fast ausschließlich nach Europa. Jeden Morgen dröhnen die Propeller der Flugzeuge über der Plantation du Haut Penja, eine der größten Bananenplantagen des Landes. Langsam schälen sich die Flieger aus dem Dunst der Berge und werfen tonnenweise Pestizide ab. Kein Auto darf dann die Straße passieren. Die Anwohner sind angehalten, in ihren Häusern zu bleiben. »Doch Frösche haben keine Häuser. Das Gift wird bei tropischem Regen in die Flüsse gespült«, sagt der kamerunische Biologe und Amphibienexperte Nono Gonwouo. Er ist Mitglied der IUCN-Spezialistengruppe für Westafrika, hält Vorlesungen über Biodiversität in Kamerun an der Universität von Jaunde und arbeitet immer wieder für das Leibniz-Institut für Evolutions- und Biodiversitätsforschung in Berlin. »Deshalb sieht man in dieser Gegend so gut wie keine Frösche mehr.«

Zerstörung des Lebensraums und der Einsatz von Pflanzenschutzmitteln sind eine teuflische Mischung, denn negative Umweltveränderungen und Pestizide machen die Frösche anfällig für Krankheiten. Wissenschaftler haben seit einiger Zeit vor allem den Chytrid-Pilz in Verdacht, ganze Froschpopulationen auf dem Gewissen zu haben. In Südamerika und Australien hat der Pilz bereits komplette Waldstriche entvölkert und ganze Arten an den Rand des Aussterbens gebracht. Der Pilz zerstört die sensible Haut, über die die Tiere atmen und Feuchtigkeit aufnehmen. Um herauszufinden, ob der Pilz auch dem Goliathfrosch zusetzt, nimmt Miaud Hautabstriche und Speichelproben, wo er nur kann. Dann sieht man ihn mit Gummistiefeln, seiner Hochwasserhose und einem Bataillon von Tupfern, Pinseln und Röhrchen im Wald herumspazieren. »Der Mensch dringt auf vielfältige Weise in den Lebensraum der Tiere ein«, sagt der Fünfundfünfzigjährige. »Das schwächt das Immunsystem und macht sie anfällig für Krankheiten.«

Wissenschaftler wie Miaud können helfen, das Leben der Tiere besser zu verstehen. Ihr Sterben verhindern können sie nicht. Es ist schwer sich auszumalen, was passieren würde, wenn es keine Goliathfrösche mehr gäbe. »Wir können nur Vermutungen anstellen«, sagt Miaud. »Aber mit seiner langen Lebensdauer und den vielen unterschiedlichen Entwicklungsstadien vom Ei über die Kaulquappe bis hin zum ausgewachsenen Frosch, der ganz weit oben in der Nahrungskette steht, hätte sein Verschwinden sicher Einfluss auf zahlreiche Insekten-, Fisch- und Säugetierarten.« Und der Schutz von Amphibien ist weitaus komplexer als bei den emblematischen Säugetieren Afrikas. »Ein Elefant lebt viele Jahre und kann Hunderte Kilometer wandern. Wenn der Lebensraum eines Frosches zerstört wird, können sich die Tiere vielleicht ein bis zwei Kilometer fortbewegen. Stirbt an einem Ort eine einzige Generation Frösche aus, dann bedeutet das das Ende der gesamten Population.«

Es ist weit nach Mitternacht. Benebelt von der tropischen Schwüle stolpert André Kudhi immer noch durch den Wald. Das Netz hat er jetzt um den Hals geschlungen. Die klobigen Bleigewichte baumeln wie Schmuck an seinem Körper. Plötzlich hört der Jäger in der Ferne einen Schuss. Er muss aus einem Gewehr stammen. Vielleicht hat jemand ein Krokodil erlegt. Oder eine Waldantilope. Auch Frösche werden immer öfter mit Gewehren gejagt. »Denn dann muss man nicht so nah ran«, sagt Kudhi. Doch Kudhi hat kein Gewehr. Auch deswegen ist er immer noch mit dem Netz unterwegs. Und mit wechselndem Erfolg. Geduld ist da ein zwingendes Gebot. Doch manchmal hilft selbst sie nichts. »Gegen Ende der Trockenzeit im April und Mai wird es immer schwieriger, Frösche zu fangen«, sagt der Jäger. Was er nicht sagt ist, dass die meisten Frösche in der Nähe seines Dorfes zu dieser Jahreszeit schlichtweg bereits weggefangen wurden.

Als ein seidenfarbener Streifen am Himmel den anbrechenden Tag ankündigt, treffen wir Kudhi im Dorf wieder. In seinem Sack zappeln vier lebendige Goliathfrösche. Einer ist so groß, dass man ihn für ein mutiertes Monster aus einem Science-Fiction-Film halten könnte. Es fällt schwer, ein Tier dieser Größe mit einem Frosch in Verbindung zu bringen. »Zweieinhalb Kilogramm, vielleicht ein bisschen mehr«, sagt Kudhi. Der Jäger ist also doch noch fündig geworden. Aber es wird immer schwerer, die Tiere zu stellen. Mit seinen Kindern war er schon auf der Jagd und hat ihnen gezeigt, wie man die Bleigewichte positioniert, wie man das Netz wirft und es wieder einholt. »Natürlich werden sie auch Froschjäger«, ist Kudhi überzeugt. Dass sie irgendwann keine Frösche mehr fangen könnten, weil der Mensch ihnen zu sehr zusetzt, daran will der Siebenundvierzigjährige nicht denken. Kudhi ist optimistisch. »Ein einziges Tier legt bis zu zweitausend Eier. Der Goliathfrosch wird nie aussterben, er wird immer da sein.« Es ist ihm zu wünschen, dass er recht behält.

Fabian von Poser

Die Melodie des Urwalds

Im zentralafrikanischen Regenwald im Süden Kameruns leben Pygmäen vom Stamm der Bakoula – eine Nacht mit ihren Gesängen berührt die Seele

Das Zirpen der Grillen. Das Klopfen der Klanghölzer unter dem Sternenhimmel. Das Summen der Stimmen. Das Ritual beginnt langsam. Zuerst sind es nur einige vereinzelte Rufe. Zerrissene Stimmen. Die Rufe werden lauter, dann Schreie. Dazwischen immer wieder unverständliche Wortfetzen. Lichtblitze zucken durch die Nacht. Ein Wetterleuchten. Die Feuer flackern. Es ist angenehm kühl nach den Schauern des Nachmittags. Dicke Tropfen perlen von den Blättern auf uns herab. Langsam setzen die Trommeln ein. Immer wieder werden sie übertönt vom Geschrei. Der Schamane spritzt Wasser aus einer Flasche in ein Feuer. »Damit es nicht regnet«, sagt er. »Die Flasche ist tragbarer Regen, wir werden ihn vernichten.«

Jetzt, da die Nacht ihre Fühler ausstreckt, beginnen die Pygmäen mit der Zeremonie. Der süße Duft von brennenden Bienenwaben liegt in der Luft. Langsam steigern sich die Gesänge. Die Rhythmen werden schneller, die Trommler nehmen Fahrt auf. Dann setzen die Frauen ein. Sie sitzen barfuß am Feuer. Mit ihren Klanghölzern klopfen sie auf lange Bretter aus Tropenholz. Ihre hypnotischen

Gesänge geben einen Vorgeschmack auf das, was kommen wird. Ein Tänzer begibt sich in das Rund: oben nackt, darunter nur ein Bastrock. Andere haben sich in Palmblätter gehüllt. Ihre Beine bewegen sich im Takt. Zwischendurch trinken sie Palmwein aus großen Plastikflaschen. Die Bewegungen werden ausgelassener.

Es ist Anfang der Regenzeit. Über den morastigen Boden des Regenwalds waren wir vom Kolonialstädtchen Lolodorf zwei Stunden lang mehr gestolpert als gelaufen, bis uns die Pygmäen im Dorf Manaya, einer Ansiedlung mit einer Handvoll mit Blättern gedeckter Hütten, empfingen. Es war noch hell, als wir das Dorf betraten. Und jetzt sitzen wir hier unter Baumriesen höher als Hochhäuser, sind völlig durchnässt vom Regen und lauschen den Gesängen. Setzen die Ersten mit ihren Stimmen ein, klingt das wie ein Orchester bei der Probe. Ein akustisches Durcheinander, das für unsere Ohren völlig fremd ist. Doch langsam, ganz langsam baut sich die Musik auf. Es sind anschwellende, sich scheinbar endlos wiederholende Melodien, die sich mit hohen Jodellauten vermengen. Immer mehr Stimmen setzen ein, bis sich der vielstimmige Gesang zu einer magischen Melange verdichtet.

Bereits im Altertum waren die emotionale Musik der Pygmäen und ihre Tänze weit über Zentralafrika hinaus bekannt. Von den Ägyptern wurden die Bewohner des Regenwalds bereits um 2300 vor Christus in Inschriften als »zwergenhafte Gottestänzer« bezeichnet. Der Musikgott der Ägypter war ein kleinwüchsiger Zentralafrikaner. Der Name

Pygmäe stammt eigentlich vom griechischen »pygmaíos« ab, was so viel bedeutet wie »Faust«, also klein. Doch der Begriff ist ethnologisch alles andere als korrekt. Bei den heute in Zentralafrika lebenden kleinwüchsigen Menschen handelt es sich um kulturell völlig unterschiedliche Gruppen, deren einzige gemeinsame Merkmale sind, dass sie den Regenwald bewohnen und kleiner sind als die Menschen, die am Rande des Waldes leben.

Schätzungen der britischen Menschenrechtsorganisation Survival International zufolge, die sich weltweit für die Rechte indigener Völker einsetzt, leben afrikaweit noch etwa fünfhunderttausend Pygmäen. Ihr Lebensraum erstreckt sich vom Süden Kameruns über die Zentralafrikanische Republik, Äquatorial-Guinea, Gabun und die Republik Kongo bis in den Osten der Demokratischen Republik Kongo. Laut neuesten DNA-Analysen gehören die Pygmäen des Kongobeckens zur ältesten Homo-sapiens-Population der Erde. Ihre direkten Verwandten sind die Khoisan-Ethnien im südlichen Afrika. Im Gegensatz zu diesen sind Pygmäen jedoch hochspezialisierte Waldbewohner, die über die Jahrtausende umfassende Kenntnisse über den Regenwald und seine Bewohner angesammelt haben.

Kein Forscher, kein Wissenschaftler, kein Regierungsbeamter kennt den Wald so gut wie sie. Pygmäen leben von und mit dem Wald. In kleinen Gruppen von bis zu fünfzig Menschen ziehen sie durch das Unterholz, immer auf der Suche nach Fischen, Affen und Duckern – kleinen Waldantilopen, die nicht größer sind als ein Hund. Sie kennen jede Spur, jeden abgeknickten Ast, jeden Stamm, jedes Blatt, jede Wurzel. Und jedes Bienennest, denn nichts schätzen Pygmäen so sehr wie Honig. Aus den Dörfern in ihrer Nähe kaufen sie nur Salz, Reis, Seife, Öl für ihre Lampen, Alkohol und Tabak. Viele besitzen nicht einmal einen Pass und wandern als Nomaden zwischen den Ländern des Kongobeckens hin und her.

Die Atmosphäre am Feuer ist jetzt aufgeheizt. Die Gesänge schwirren schwerelos wie Glühwürmchen durch den Wald. Für die Pygmäen ist der Wald Vater, Mutter und Beschützer zugleich. In ihren Tänzen und Geschichten huldigen sie ihrem Waldgott, den sie Jengi nennen. Mit ihren Liedern versuchen sie, ihn zu betören, damit er die Früchte des Waldes weiter wachsen lässt, die Tiere sich weiter vermehren. Die Gesänge sind verschachtelter, komplexer und emotionaler als so manche Oper. Ein geniales, sich stets veränderndes Œuvre, an dem am Ende bis zu fünfzig Personen mitwirken.

Einer der ersten Weißen, der sich mit der Musik der Pygmäen befasste, war der US-Amerikaner Louis Sarno. Sarno wurde 1954 in Newark im US-Bundesstaat New Jersey geboren. Bereits als Junge faszinierte ihn klassische Musik: Beethoven, Schubert, Mahler, Bach. Später studierte Sarno Englisch und Literatur. Als er 1985 in Amsterdam im Radio das erste Mal Pygmäen-Musik hörte, war es um ihn geschehen. Sie riss ihn mit, betörte seine Sinne. Sarno sammelte alles Geld, das er kriegen konnte, kaufte einen Kassettenrekorder – und ein One-Way-Ticket in die Zentralafrikanische Republik. Er heiratete eine Pygmäin vom Volk der Ba'Aka, zog mit ihr zwei Kinder groß und verbrachte seitdem die meiste Zeit seines Lebens im Regenwald. Vor allem aber studierte er mehr als dreißig Jahre lang die Musik der Waldbewohner.

Die ganze Nacht folgen die Pygmäen ihren polyphonen Gesängen. Die verwirrenden Rhythmen von betörender Schönheit formen eine rituelle Einheit mit dem Tanz. Der scheinbar improvisierte Gesang folgt dabei strengen Regeln: Ein Sänger beginnt, die Nachsänger sind angehalten, nicht dasselbe zu singen wie er. Nach und nach setzen alle Anwesenden ein. Jeder singt etwas anderes. Es ist eine Musik, die sich über Jahrhunderte aus dem kollektiven Erfahrungsschatz der Waldbewohner entwickelt hat. »Die Musik der Ba'Aka ist wahrscheinlich älter als die Pyramiden, ihr künstlerischer Wert ist völlig unterschätzt«, sagt Sarno. »Sie ist einer der kostbarsten Schätze der Menschheit.« Jüngst hat der deutsche Regisseur Michael Obert in seinem wunderbaren Dokumentarfilm »Songs from the Forest« Sarnos Leben dokumentiert.

Seit Generationen pflegen die Waldbewohner ihre alten Rituale. Doch es werden immer weniger, die gemäß der Tradition leben. Bereits seit den sechziger Jahren werden in Kamerun Pygmäen durch Missionare und Regierung systematisch sesshaft gemacht. Vom Staat bekommen die Waldbewohner Häuser aus Stein. Ein bedauerlicher Gedanke: Nur weil Kamerun Fortschritt will, sollen die Pygmäen nicht mehr im Wald umherstreifen. Seit einigen Jahren besteht in Kamerun zudem Schulpflicht.

Der Staat baut immer mehr Unterrichtsräume in der Nähe der Pygmäen-Dörfer, schickt Bücher und Lehrer. Statt zu jagen, zu fischen und zu sammeln werden Pygmäen auf den Feldern der verhassten Bantu als billige Arbeitskräfte missbraucht. Die Arbeiter werden geschlagen, ihre Frauen vergewaltigt, die Kinder verachtet. Ein Leben auf der Sonnenseite sieht anders aus. Aus Frust über diese Behandlung fangen viele an zu trinken.

Dazu kommt: Die Zivilisation rückt näher. Der Regenwald ist reich an Rohstoffen, das weckt Begehrlichkeiten. Jahrhundertelang haben die Waldbewohner den Regenwald nachhaltig bewirtschaftet. Der Natur entnehmen sie mit althergebrachten Techniken wie Netz- und Speerjagd gerade so viel, wie sie brauchen. Vorratshaltung kennen sie nicht. Ein nachhaltiges Konzept, das allerdings immer seltener funktioniert. »Der Wald ist krank«, sagt Nanga, der Dorfchef, ein freundlicher Mann mit hohen Backenknochen und zurückhaltendem Lächeln, als ich mich am Feuer zu ihm geselle. Zu Recht: Denn immer öfter durchdringt das schrille Geheul von Kettensägen den Wald. Zentralafrika ist das Ziel kommerzieller Interessen geworden. Auch im für afrikanische Verhältnisse fortschrittlichen Kamerun sind Edelhölzer und Bodenschätze wie Erdöl, Bauxit, Eisenerz, Gold und Diamanten ein probates Mittel, um den Staat und seine korrupten Politiker zu finanzieren. Die Rechte der Ureinwohner müssen hintanstehen.

Stark vereinfacht ausgedrückt bedeutet das: Verschwinden die Bäume im Wald, verschwinden die Tiere. Es gibt kaum etwas, auf das die Natur nicht reagiert. Und die Tiere, die bleiben, werden immer scheuer, denn auch immer mehr Wilderer mit Drahtschlingen und Gewehren stellen ihnen nach. Heute müssen viele Pygmäen den Wald verlassen, weil er nichts mehr hergibt. Und, kurios genug: Auch die Entstehung von Schutzgebieten im Süden Kameruns beraubt die Waldbewohner ihrer Lebensgrundlage, denn die Pygmäen haben auf dem geschützten Land alle Rechte verloren. Große Flächen sind als Wildreservate oder sogar Nationalparks ausgewiesen: Campo Ma'an, Dja, Nki, Boumba Bek, Lobéké. In der Theorie dürfen die Pygmäen diese Parks betreten. Doch das wird immer wieder von den Parkhütern verhindert. Organisationen wie der WWF kommen mit guter Absicht in den Regenwald und schützen die Tiere und Pflanzen. Aber nicht immer die Menschen.

Seit Jahren schon macht Survival International darauf aufmerksam, dass die Zukunft der Pygmäen stark bedroht ist. Viele Waldbewohner wurden im Rahmen von Naturschutzprojekten in den vergangenen Jahren umgesiedelt und sesshaft gemacht. Weil die Jäger, Fischer und Sammler ihre Heilpflanzen nicht mehr finden können, werden sie krank. Kein Rindensud mehr gegen Husten und Fieber. Keine Wurzeln mehr gegen Kreislaufbeschwerden. Keine Blätter, Kräuter, Knollen und Wildbeeren mehr gegen Durchfall. Kein Zaubertrank aus dem Regenwald mehr, um die Fruchtbarkeit der Frauen zu erhöhen. Stattdessen Malaria, Hepatitis, Masern, Cholera und Ruhr.

Die Zeremonie schreitet voran, die Gesänge

schwellen an. Der Palmwein, der Whisky, der Gin tun ihre Wirkung. Die Stimmung ist jetzt auf dem Höhepunkt. Der Wald ist wie eine Bühne: Immer wieder erscheinen neue Tänzer. Das Begrüßungsritual für die Besucher geht jetzt in eine Heilzeremonie über. Die Pygmäen versammeln sich im Kreis. Der Patient wird auf Palmblätter gebettet. Er zittert. Er habe seine Frau verloren, erzählt mir eine der Heilerinnen in gebrochenem Französisch. Danach wurde er selbst krank und bekam Depressionen. Immer wieder tanzen die Pygmäen um ihn herum, begießen ihn mit Palmwein und singen heilende Lieder. Der Zeremonienmeister muss die Musiker oft zurückholen. In ihrer Begeisterung gleiten die Männer und Frauen in andere Lieder ab. Doch dann scheint der Patient kuriert. Noch zitternd und etwas apathisch verlässt er nach gut einer halben Stunde das Rund und kriecht lautlos in eine der Hütten.

Die Rituale scheinen noch die alten zu sein, aber die Gesellschaft ist im Wandel. Doch wer sich hier im zentralafrikanischen Regenwald erhellende Antworten über ihr Leben erhofft, der wird enttäuscht. Die Pygmäen erklären nichts, niemand hier erklärt etwas. Sie singen einfach. Und das ist gut so, denn die Musik berührt die Seele. Es ist eine Musik, die nie fixiert wurde, sondern ausschließlich im spielerischen Umgang von einer Generation an die nächste weitergegeben wurde. Bis auf den billigen Alkohol aus Plastikbeuteln, die die ganze Nacht herumgereicht werden, haben sich die Zeremonien seit Jahrhunderten kaum verändert. Doch immer öfter sind die Themen der Lieder kritisch:

»Ich komme vom Feld zurück, mein Herr schlägt mich«, lautet ein immer wiederkehrendes Thema. Während der Gesang seine hypnotischen Zirkel zieht, bietet der Zeremonienmeister mir selbst gebrannten Palmwein aus einem Plastikkanister an. Ich lehne dankend ab.

Die Dunkelheit verdeckt die Schattenseiten, das Licht bringt sie zutage. Als es gegen sechs Uhr morgens dämmert, steigt Nebel über dem Regenwald auf. Das Dorf schält sich aus dem Dunst. Überall liegen leere Whisky-Beutel herum. Der Tag bricht an, doch die Pygmäen tanzen weiter. Die Frauen haben sich in Trance getrommelt, viele Männer sind einfach nur betrunken. Einer bedrängt mich und fragt nach Geld: »Où est l'argent?« Einige Männer tragen Masken aus Palmblättern, Baströcke und Fußrasseln. Zwei von ihnen steigen am Ende des Rituals in die Krone einer Palme, um ihr das Herz herauszutrennen. Es ist das Ende der Zeremonie. Dann verschwinden sie im Wald. Als Besucher verlässt man das Dorf mit gemischten Gefühlen. Auf der einen Seite ist da der augenscheinliche Alkoholismus der Bewohner, auf der anderen die nicht enden wollenden, ansteckenden Gesänge des Waldes. »Bitte verzeiht, dass einige von uns heute Nacht sehr betrunken waren«, entschuldigt sich Nanga beim Abschied. »Sie haben sich einfach so gefreut, dass ihr da wart.« Man hat den Waldbewohnern den Alkohol wahrhaft angemerkt. Aber wer könnte es ihnen verdenken.

Fabian von Poser

Explosive Mischung

Auf dem Grund des Nyos-Sees schlummern Hunderttausende Tonnen Kohlendioxid. Versuche, das gefährliche Gas kontrolliert abzuleiten, sind keine Garantie, dass nicht erneut ein Unglück passiert

Es geschah am 21. August 1986 gegen halb zehn Uhr abends. Die Nacht hatte bereits ihre Fühler über den Westen Kameruns ausgestreckt. Binnen weniger Sekunden legte sich eine gespenstische Ruhe über den Nyos-See. Kein Geräusch war zu hören, keine Bewegung mehr wahrzunehmen. Weder von Mensch noch Tier. Es schien, als wären die Dörfer am Rande des Sees von einem auf den anderen Moment von jeglichem Leben verlassen worden. Doch erst am darauffolgenden Tag, es war ein Donnerstag, Markttag in Nyos, wurde das Ausmaß der Katastrophe sichtbar.

Für gewöhnlich bereiten sich die Bewohner des Dorfes, dem der See seinen Namen verdankt, um diese Zeit auf den geschäftigen Tag vor. Doch an diesem Morgen war alles anders. Nur wenige erwachten in ihren Betten. Die, die es taten, fühlten sich schwach und benommen. Ihre Glieder schmerzten. Als sie vor ihre Häuser traten, machten sie eine grausame Entdeckung: Das meiste Leben um sie herum war ausgelöscht. Dorfbewohner, Familie, Freunde und Bekannte: Viele lagen leblos in ihren Betten. Andere waren auf der Straße zusammengebrochen. Das Vieh auf den Weiden und in den Ställen: Es lag tot am Boden. Insgesamt tausendsiebenhundertfünfzig Menschen verloren an diesem Tag ihr Leben. Viertausend überlebten das Unglück, manche wachten jedoch erst sechsunddreißig Stunden später wieder auf.

Was war geschehen? Jede Menge Leben war vernichtet worden. Doch der Nyos-See und seine Umgebung sahen aus wie immer. Ein Giftgasanschlag, wie es einige lokale Politiker zunächst vermuteten? Aber wer sollte sich die entlegene Region als Anschlagsziel ausgesucht haben und vor allem: warum? Klar war: Nur wenige Tage zuvor waren US-amerikanische Forscher am See gewesen, um Wasserproben zu entnehmen. Schnell wurden Stimmen laut, dass die Weißen und ihre »Gerätschaften« für die Tragödie verantwortlich seien. Wieder andere sahen den Grund für die Katastrophe in einem angeblichen Fluch eines drei Jahre zuvor verstorbenen Stammesfürsten. Dessen Familie war seinem letzten Wunsch, sein bestes Rind dem Gott des Sees zu opfern, nicht nachgekommen, woraufhin dieser das Dorf und seine Bewohner mit einem Fluch belegt haben soll. Wieder andere waren der Meinung, am See habe ein geheimer Atomversuch der Amerikaner stattgefunden.

Die Ursachenforschung stellte Wissenschaftler zunächst vor ein großes Rätsel. Bis Augenzeugenberichte Licht ins Dunkel brachten. Denn einige Tage vor dem Unglück hatten Bauern eine Veränderung an der Oberfläche des fast zwei Kilometer langen und zweihundert Meter tiefen Sees wahrgenommen. Auf dem Wasser hatten sie Blasen entdeckt, sich jedoch nichts weiter dabei gedacht. Am Abend des 21. August hätten sich die Blasen dann in ein unheimliches Brummen verwandelt, berichteten einige. Andere sprachen von einem Blubbern und davon, dass die Farbe des Sees urplötzlich von Blau in Rostbraun umschlug. Augenblicke später schoss eine riesige Fontäne gefolgt von einer gigantischen weißen Wolke aus dem See, die bis zu siebenundzwanzig Kilometer weit geblasen wurde. Was zu diesem Zeitpunkt niemand wusste: Die Wolke bestand aus hochkonzentriertem Kohlendioxid – ein farb- und geruchloses, aber für Menschen und Tiere in hoher Konzentration lebensgefährliches Gas.

Erst sehr viel später fanden Wissenschaftler heraus, was es mit dem Gas auf sich hatte. Aus einer unterirdischen Magmakammer muss es durch den Boden des Nyos-Sees nach oben gestiegen sein und sich in den unteren Wasserschichten verteilt haben. Jedes Jahr lösen sich nach Schätzungen der Forscher so etwa neunzigtausend Tonnen Kohlendioxid im Wasser. Hinter dem Gasausbruch steckte also schlichtweg eine Übersättigung. Weil das Gas schwerer ist als Luft, breitete es sich in Bodennähe aus. Als der Druck des Kohlendioxids in den unteren Schichten den Druck des Wassers in den oberen Schichten überstieg, »explodierte« der See.

Geologen vermuten, dass das vulkanische Gestein auf dem Grund des Sees bereits seit Jahrzehnten bis Jahrhunderten Kohlendioxid absonderte. Den Grund dafür, dass sich das Gas so lange im

See sammeln konnte, sehen sie darin, dass die Gegend durch das gleichbleibend feuchte Klima nur geringe Temperaturschwankungen erlebt. Während andere Kraterseen umgewälzt werden, wenn sich die Temperaturen ändern, und das Kohlendioxid auf diese Weise langsam und ohne Folgen für die Umwelt in die Atmosphäre entweichen kann, vermischen sich die Wasserschichten im Nyos-See quasi nicht. In diesem Fall hatten die oberen, warmen Wasserschichten die mit Kohlendioxid angereicherten, unteren Wasserschichten zurückgehalten – vergleichbar mit einem Korken.

Warum dieser Korken genau am 21. August 1986 nicht mehr hielt und fast zwei Millionen Tonnen Kohlendioxid in Sekundenschnelle an die Oberfläche gelangten, ist bis heute nicht geklärt. Einige Wissenschaftler machen einen Erdrutsch dafür verantwortlich, der die Wasserschichten durcheinanderwirbelte. Andere sehen die Ursache in einer unterirdischen, vulkanischen Eruption, die die unteren Wasserschichten nach oben drückte. Zwar gilt das Oku-Vulkangebiet, in dem der See liegt, als erloschen. Dies bedeutet jedoch nicht, dass es keine unterirdischen Aktivitäten mehr gibt.

In den Tagen nach dem Unglück berichteten Augenzeugen, die nicht unmittelbar am See wohnten, von Schwindelgefühl, Verwirrtheit, brennenden Augen und Taubheitsgefühl in den Gliedmaßen, bevor sie ohnmächtig zusammenbrachen. Die beiden Dörfer, die dem See am nächsten lagen, wurden bis auf vier Bewohner vollständig ausgelöscht. Der Grund: In verdünnter Form ist Kohlendioxid für Mensch und Tier ungefährlich. Doch in der Wolke, die sich über dem Nyos-See erhob, war das Gas so konzentriert, dass sämtliche Lebewesen sterben mussten. Experten wissen: Ist die Luft mit nur fünf Prozent Kohlendioxid angereichert, führt das zu Bewusstlosigkeit, acht Prozent führen zum sofortigen Tod.

Die Ursachen für die Katastrophe konnten mittlerweile weitgehend geklärt werden. Ungeklärt ist jedoch die Verzögerung, mit der die Welt auf das Unglück reagierte. Erst ein Jahr später, nämlich 1987, erschien in der Zeitschrift *Natural Scientist* ein Bericht über einen Motorradfahrer, der am Morgen nach dem Unglück in Richtung Cha am Nyos-See unterwegs war. Kurz vor seinem Ziel sah er am Straßenrand totes Vieh und eine Leiche liegen – und verlor wenig später selbst das Bewusstsein. Drei Stunden danach soll er laut dem Bericht aufgewacht und in sein Heimatdorf zurückgekehrt sein, wo er von seinem Erlebnis berichtete. Erst einen weiteren Tag später traf erste medizinische Hilfe am Nyos-See ein: zwei Hubschrauber und ein katholischer Priester. Leben retten konnten sie nicht mehr.

Bis heute sind weltweit nur drei Seen bekannt, in denen Kohlendioxid nahe der Sättigung gelöst ist: im Nyos-See in Kamerun, im nur hundert Kilometer entfernten Manoun-See, an dem zwei Jahre zuvor bei einem bis dahin ebenfalls ungeklärten Gasaustritt siebenunddreißig Menschen ihr Leben ließen, und im Kivu-See an der Grenze von Ruanda zur Demokratischen Republik Kongo. Auf den ersten Blick ist der Nyos-See inmitten dicht bewachsener Hügel des westlichen Graslands von Kamerun ein perfekter Ort für Touristen. Am Ufer des Sees lassen sich Dutzende verschiedener Vögel beobachten. Dem Betrachter präsentierte sich der See jahrzehntelang als ruhiges Gewässer inmitten einer idyllischen, grünen Oase.

Doch der Nyos-See ist schon lange kein Ausflugsziel mehr. Und auch für die Einheimischen wurde er nach dem Unglück zunächst zur Tabuzone. Als Reaktion auf die Katastrophe erklärte die Regierung die Gegend für zu gefährlich, um in Zukunft von Menschen bewohnt zu werden. Der Nyos-See erhielt den Beinamen »Killersee«. Rund dreitausendfünfhundert Bewohner wurden in den Jahren nach der Katastrophe umgesiedelt. Die Verantwortlichen in Jaunde ließen sämtliche Häuser abreißen und verboten den Bewohnern, Ackerbau und Viehzucht zu betreiben. Doch das konnte die Menschen nicht lange davon abhalten, ans Seeufer zurückzukehren. Und so begannen sie nach und nach, wieder den fruchtbaren vulkanischen Boden zu bestellen und ihr Vieh auf die Weiden zu treiben. Angesichts von Landnot und spärlichen Erwerbsmöglichkeiten hatten die Bewohner des Gebiets schlichtweg keine andere Wahl, als sich ihrem See wieder zu nähern.

Durch Unterstützungsgelder soll die Region nun auch offiziell wieder für die Bevölkerung attraktiv gemacht werden. In den vergangenen Jahren wurden neue Zufahrtsstraßen gebaut, ein Grundstück für die Errichtung einer neuen Schule ist ebenfalls bereits gefunden. Dass der Nyos-See auch weiterhin eine tickende Zeitbombe ist, die jederzeit explodieren kann, wiesen Geologen allerdings schon 2001 nach. Messungen ergaben, dass der See bereits damals wieder doppelt so viel Kohlendioxid angereichert hatte, wie im Jahre 1986 ausgetreten war. Ein französischer Wissenschaftler suchte daraufhin nach einer Lösung für das Problem – und fand sie. Durch ein vierzehn Zentimeter dickes Rohr, ähnlich einem Strohhalm, kann das giftige Gas seit 2001 kontrolliert entweichen – ohne Mensch und Tier Schaden zuzufügen.

Im Jahr 2011 gab die Regierung Kameruns die Mittel frei, um zwei weitere »Strohhalme« im See zu installieren. Ziel ist es, den See bis 2018 zu einem großen Teil entgast zu haben. Doch eines steht fest: Auch in Zukunft wird weiter Kohlendioxid aus der Erde in die unteren Schichten des Sees entweichen. Das Risiko einer hoch konzentrierten Entweichung von Kohlendioxid konnte durch die kontrollierte Ausleitung zwar deutlich gesenkt werden. Der Kohlendioxidgehalt des Sees lag schon Mitte 2012 um rund ein Drittel niedriger als zu Beginn des Entgasungsprogramms 2001. Aber eine Garantie dafür, dass das, was am 21. August 1986 passierte, nicht wieder geschieht, kann und möchte angesichts der explosiven Mischung im See niemand geben.

Agnès Kah

Im Angesicht des Gorillas

Der Lobéké-Nationalpark im Südosten Kameruns ist eine im Regenwald verborgene Welt. Mit einer Artenvielfalt, die weltweit ihresgleichen sucht

In einem abgelegenen Waldstück mitten im Kongobecken stolpern wir durch das Unterholz. Vor mir Martin Ntemgbet, ein Ranger aus Kamerun, dahinter Matthias, der Fotograf. Es ist Nacht am Tag. Die Blätter wölben sich über uns wie in einem Tunnel. Am Himmel zucken Blitze, doch wir können sie durch das dichte Blätterdach kaum sehen. Auf dem nassen Waldboden rutschen unsere Schuhe wie auf Schmierseife umher. Manchmal schlittern wir auf den Sohlen Abhänge hinab, um uns im nächsten Moment an Ästen und Lianen wieder hochzuziehen. Im Zwielicht nur Blätter, Flechten, Farne, Moose. Wir sind umringt vom zweitgrößten zusammenhängenden Regenwaldgebiet der Erde.

Schritt für Schritt tastet sich Ntemgbet voran. Der Boden ist so feucht, dass der Morast unter den Füßen schmatzt. Der Ranger redet nicht viel. »Sprecht nicht, flüstert nur«, hatte er gesagt, als wir gestartet waren. »Treffen wir Elefanten, versteckt euch hinter einem Baum. Bei Gorillas geht in die Knie und bleibt zusammen.« Man kommt sich klein vor in diesem Wald. Sehr klein. Denn über uns erheben sich fünfzig Meter hohe Urwaldriesen. Trotz der Dunkelheit flattern Schmetterlinge um Blüten. Insekten sirren davon. Wir formen Blätter zu Bechern, schöpfen damit Trinkwasser aus einem Bach und tänzeln über den Waldboden, um uns die kriegslüsternen Treiberameisen vom Leib zu halten. Irgendwann steckt Ntemgbet seinen Kopf in eine Höhle im Waldboden und zieht eine Waldantilope heraus. Sie ist tot. Mit seinem Finger drückt er auf die zerborstenen Rippen. »Python«, sagt er.

Mehrere Stunden geht das so. Immer öfter krabbeln, kriechen und robben wir auf den Knien über den Waldboden, weil das Unterholz immer dichter wird. Plötzlich, mitten im Dickicht, hält Ntemgbet inne und presst den Zeigefinger auf die Lippen. Durch die Blätter ist sie gut zu erkennen: Aus dem dichten Grün des Regenwalds schält sich eine fünfhundert Meter lange Lichtung, die die Einheimischen Ndangaye nennen. Ein paar von der Feuchtigkeit zerfressene Stufen später sitzen wir auf einem acht Meter hohen Holzverschlag über der Lichtung. Als sich unsere Augen an die Helligkeit gewöhnt haben, sehen wir in der Ferne Waldbüffel, Pinselohrschweine und seltene Sitatunga-Antilopen. Die Sitatungas knien fast im Sumpf, denn sie lieben es feucht. Was für eine Bühne!

Das Kongobecken, zu dem der zweitausendeinhundertachtundsiebzig Quadratkilometer große Lobéké-Nationalpark im Süden Kameruns gehört, ist nach dem Amazonas das zweitgrößte zusammenhängende Regenwaldgebiet der Erde. Es erstreckt sich von Kamerun, Äquatorialguinea und Gabun im Westen über die Zentralafrikanische Republik und die beiden Kongos bis hinüber zu den Vulkanlandschaften des afrikanischen Grabenbruchs in Ruanda und Uganda. Die unzugängliche Urzeitlandschaft ist die Heimat einzigartiger Tier- und Pflanzenarten, die es nirgendwo sonst auf der Erde gibt. Dutzende Lichtungen, *bais,* übersäen den Regenwald. Die bekannteste ist die Dzanga Bai in der benachbarten Zentralafrikanischen Republik. Doch auch in Kamerun gibt es zahlreiche solcher Lichtungen. Manche Tiere legen Hunderte Kilometer zurück, um hierherzukommen.

Doch was ist das Geheimnis der Lichtungen? Die mineralienreichen Senken sind Orte, ohne die viele Arten nicht überleben könnten. Auf den mageren Böden des Regenwalds sind die meisten Nährstoffe in Pflanzen gebunden. Viele Pflanzen schützen sich jedoch durch einen hohen Gehalt an Tanninen, Alkaloiden und anderen schwerverdaulichen Substanzen davor, gefressen zu werden. Tief im Schlamm verbergen sich wertvolle Mineralien und Salze. Auf den Lichtungen finden die Tiere diejenigen Stoffe, die die Gifte in ihren Mägen neutralisieren. Für Waldelefanten, Gorillas, Bongo-Antilopen, Pinselohrschweine und Ducker sind die *bais* also so etwas wie eine Dschungelapotheke.

Auf unserem Hochsitz beginnt jetzt das große Warten. Wir kauern auf der wackeligen Plattform und durchfurchen die Lichtung mit unseren Ferngläsern wie mit einem Rechen. Zum Glück hat die Empore ein Dach, denn es regnet in Strömen. Die Gewitterwolken sind die Vorboten der Regenzeit. Tief fliegende pinkfarbene Ungetüme, die Sturzbäche auf uns herablassen. Dann plötzlich entdeckt Ntemgbet etwas. Es ist zu nah, um es durch das Fernglas zu betrachten: ein schwarzer Fleck am Waldrand direkt vor uns. Es ist ein ausgewachsener Silberrücken – zweihundertfünfzig Kilo Muskeln, Fleisch und Knochen. Der Gorilla sitzt auf dem Waldboden, die Arme sind auf die Knie gestützt. Hin und wieder greift er mit der Rechten nach der Blüte einer Waldblume und stopft sie sich in den Mund. Sehr lässig.

Der Wald ernährt unzählige Tiere. Oben auf der Plattform stehen wir über den Dingen und können alles ganz genau beobachten. Neben uns krächzt ein Graupapagei im Gehölz, ein paar Äste weiter startet ein tropischer Bülbül seinen kristallklaren Gesang. Als sich nach endlosen Minuten der Regungslosigkeit einer von uns auf der Holzplattform bewegt, treffen sich die Blicke des Gorillas und unsere für einen Moment. Es sind warme Blicke. Aus der Distanz mustert uns der Riese genau. Doch obwohl er möglicherweise nie einen Menschen gesehen hat, scheint ihn unser Anblick nicht im Geringsten zu stören. Das ist Ökotourismus in seiner pursten Form.

Der Lobéké-Nationalpark ist die Heimat der sogenannten charismatischen Mega-Fauna. Allein auf seinem Terrain wurden dreihundert verschiedene Baumarten gezählt. Im Park findet sich eine der größten Dichten an Gorillas und Waldelefanten in ganz Afrika. Im Wald leben außerdem vierzehn verschiedene Primatenarten, neben Westlichen Flachlandgorillas auch Schimpansen, Große Weißnasenmeerkatzen und Grauwangenmangaben, dazu Pinselohrschweine, Riesenwaldschweine, Bongo-Antilopen, jede Menge Ducker, die seltenen Sitatungas sowie zweihundertdreiundachtzig Vogel- und zweihundertfünfzehn Schmetterlingsarten.

Auf den ersten Blick ist Lobéké ein Garten Eden für die Tiere. Immer größere Teile des Regenwalds stehen unter Schutz. Auf Initiative der Naturschutzorganisation World Wide Fund for Nature (WWF) haben Kamerun, die Zentralafrikanische Republik und die Republik Kongo 1998 das länderübergreifende Schutzgebiet Parc Trinational de la Sangha eingerichtet. Dazu gehören neben dem Lobéké-Nationalpark in Kamerun das Dzanga-Sangha-Waldreservat sowie der Dzanga-Ndoki-Nationalpark in der Zentralafrikanischen Republik und der Nouabalé-Ndoki-Nationalpark in der Republik Kongo. Knapp ein Fünftel aller Tier- und Pflanzenarten der Erde finden sich hier.

Doch das Paradies ist bedroht, denn viele der angrenzenden Länder gehen durch ein dauerndes Wechselbad von Katastrophen. In der Zentralafrikanischen Republik erschossen Wilderer im Mai 2013 sechsundzwanzig Waldelefanten, um mit den Erlösen aus dem Elfenbein Waffen zu kaufen. Wilderei und Lebensraumzerstörung sind die Hauptbedrohungen. Auch für Gorillas. Denn Menschenaffenfleisch gilt in wohlhabenden Gesellschaftskreisen Afrikas als Delikatesse. Laut WWF kann ein einziger Wilderer in einem Jahr mehr als dreißig Gorillas töten. Afrikaweit sind es mehrere tausend im Jahr, die der Wilderei zum Opfer fallen.

Daneben häufen sich Anzeichen, dass das Ebolavirus ganze Gorillabestände auslöscht. Die Folge: Alle vier Gorillaunterarten befinden sich auf der Roten Liste gefährdeter Arten der Weltnaturschutzorganisation IUCN. Laut neuesten Untersuchungen durchstreifen nur noch etwa dreihundert der seltenen Cross-River-Gorillas das Grenzgebiet zwischen Kamerun und Nigeria. Im Osten der Demokratischen Republik Kongo, in Ruanda und in Uganda leben nur noch siebenhundertzwanzig Berggorillas und höchstens fünftausend Östliche Flachlandgorillas. Nur der Bestand des Westlichen Flachlandgorillas in Kamerun, der Zentralafrikanischen Republik, der Republik Kongo und in Gabun ist mit rund neunzigtausend Tieren noch verhältnismäßig stattlich.

Auch die Abholzung ist ein Problem. Immer tiefer dringt der Mensch in den Wald vor und baut Pisten, Siedlungen, Felder, Minen. Bereits Anfang der neunziger Jahre schlug der WWF Alarm. Doch noch heute verlassen jeden Tag Hunderte mit Tropenholz beladene Lkws das Kongobecken. Die Stämme kommen überwiegend aus dem Kongo und werden durch den Regenwald Kameruns zur Verschiffung nach Duala geschmuggelt. Seit mehr als zehn Jahren setzt sich der WWF mit seinem »Jengi-Projekt« auch im Lobéké-Nationalpark gegen Holzdiebe und Wilderer ein. Grenzübergreifende Patrouillen versuchen, in dem unwegsamen Gelände für Ordnung zu sorgen. Gänzlich stoppen können sie den Holzeinschlag genauso wenig wie sie die Tiere gegen Wilderer schützen können.

Auch Martin Ntemgbet kämpft für die Natur. Seit 2012 arbeitet der Ranger im Park als Eco-Guide. Doch das war nicht immer so: Denn Ntemgbets Leben nahm vor einigen Jahren eine Wendung. Vierunddreißig Jahre lang stellte der Ranger den Tieren des Waldes nach. Er verzehrte Affen, Ducker, Waldschweine und ja, auch Gorillafleisch. Ntemgbet konnte alle Fährten lesen und spüren, wenn ein Tier in der Nähe war. Man hätte ihn alleine irgendwo im Kongobecken aussetzen können und er hätte gewusst, was zu tun ist. Heute stapeln sich in seinem Büro in Mambele Kisten voller Prospekte. An den Wänden hängen Fotos von Waldelefanten und Flachlandgorillas. Ntemgbet wurde vom Wilderer zum Ranger. Auch wegen seiner Kenntnisse über den Wald. »Unser Ziel ist es, den Einheimischen durch Beschäftigung im Tourismus eine Alternative zur Wilderei zu bieten«, sagt der Ranger. »Wir müssen ihnen klarmachen, dass es sich lohnt, die Natur zu schützen.« Durch den Tourismus könnten die Tiere des Kongobeckens ihr Überleben quasi selbst finanzieren. Keine einfache Aufgabe, denn den Park besuchen im Jahr nicht mehr als ein paar Hundert Touristen. Das liegt vor allem an der mangelnden Infrastruktur. Bislang gibt es kaum ausgezeichnete Wege und nicht eine einzige brauchbare Unterkunft.

Wir sitzen immer noch auf unserem Hochsitz und warten. In einem Moment beobachten wir Flachlandgorillas, Sitatungas, Buschböcke, Pinselohrschweine und Waldbüffel gleichzeitig auf der Lichtung. »Es gibt im Park so viele Tiere, dass man sie nicht zählen kann«, flüstert Ntemgbet. »Nur sieht man sie kaum, denn die Tiere sind scheu.« Nicht nur wegen des Bürgerkriegs in der Zentralafrikanischen Republik, sondern auch weil sie nicht an Menschen gewöhnt sind. Derzeit habituieren Ntemgbet und seine Ranger-Kollegen mithilfe des WWF drei Gruppen Gorillas auf den Waldlichtungen von Petite Savanne und Djembé. Ein langwieriger Prozess, der bereits seit 2014 andauert.

Stunde um Stunde schreitet die Zeit voran. Gewaltige Wolken ziehen über die Lichtung hinweg. Riesige Tropfen prasseln auf uns ein. Die Blätter verstärken das Geräusch des Regens. Die Plattform vibriert. Ein Nashornvogel hat es sich auf dem Dach des Unterstands gemütlich gemacht. Er regt sich nicht, macht keine Geräusche, er sitzt nur. Auch wir verharren, denn wir wollen unbedingt noch Waldelefanten sehen. Doch noch lassen sich die Riesen nicht blicken. Die Nächte verbringen viele Elefanten auf der Lichtung. Tagsüber, wenn die Äquatorsonne oft unerbittlich vom Himmel brennt, ziehen sie sich in den Wald zurück und kommen erst am späten Nachmittag wieder heraus. In der Theorie, denn heute regnet es in Strömen und das Warten nimmt kein Ende.

Waldelefanten unterscheiden sich in vielerlei Hinsicht von ihren Verwandten in der Savanne. Sie sind deutlich kleiner und ihre Haut ist dunkler als die ihrer Verwandten. Ihre Stoßzähne sind fast gerade, um sich nicht im dichten Buschwerk zu verheddern. Dafür sind sie riesig. Auf der Dzanga Bai in der Zentralafrikanischen Republik wurden Tiere beobachtet, deren Stoßzähne beinahe bis zum

Boden reichten. Das Elfenbein aus dem Wald, das auch als »hot« oder »pink ivory« bezeichnet wird, ist deutlich härter und dunkler als das der Savannenelefanten. Auch deswegen sind Waldelefanten bei Wilderern so beliebt. Leider mit Folgen für die Population: In vielen Regionen des Kongobeckens werden heute mehr Waldelefanten illegal getötet als geboren. Jeden Tag sterben etwa dreißig Waldelefanten. Seit 2002 hat der Bestand nach Untersuchungen des WWF um mehr als fünfzig Prozent abgenommen.

Und die Tiere sind keinesfalls nur wegen ihrer mächtigen Stoßzähne im Visier der Wilderer-Kartelle. Ein mindestens ebenso wichtiges Jagdmotiv ist das Fleisch. Ein Kilo Elefantenfleisch kostet bis zu zehn Euro – viel Geld in einer der ärmsten Regionen Afrikas. Das ist nicht nur ein Drama für die Tiere, sondern für das gesamte Ökosystem. Für mehr als hundert Pflanzenarten sind Waldelefanten die wichtigsten und meist einzigen Samenverbreiter. Über ihren Dung transportieren sie die Samen seltener Baum- und Pflanzenarten oft über Dutzende Kilometer. Viele von ihnen können überhaupt erst keimen, wenn sie den Verdauungstrakt der Elefanten passiert haben. Durch ihre Existenz tragen Waldelefanten wie kaum ein anderes Tier zum Erhalt des Ökosystems und der Artenvielfalt bei. Ntemgbet ist trotzdem nicht böse auf die Wilderer. »Sie töten, um zu leben«, sagt der Mann, der selber einer von ihnen war. »Sie machen die gleichen Fehler, die alle Menschen machen. Eure Wälder sind auch leer geschossen.«

Tierbeobachtung im Regenwald ist eine Geduldsprobe. Stunde um Stunde kauern wir am Rand der Ndangaye-Lichtung und warten auf die Tiere. Nur das Schnarchen des Rangers unterbricht die Stille: Am Nachmittag ist Ntemgbet im Schutz seiner Hutkrempe eingeschlafen. Er ist hundemüde, denn er hat die ganze Nacht in seinem Schlafsack vor den Zelten gewacht. Als er aufwacht, sagt der Ranger beim Blick in unsere müden Gesichter: »Das ist *wildlife*.« Auch deswegen seien die Lichtungen im Wald so wichtig. »Wenn du in Ostafrika bist, siehst du einen Elefanten auf einen Kilometer Entfernung, bei uns nicht einmal auf fünf Meter.« Die Lichtungen seien ideal, um die Tiere zu beobachten. Weniger für Menschen wie uns, Touristen, als für Forscher.

Dann lässt der Regen nach. Nebel wabert jetzt über der Lichtung. Plötzlich mahnt Ntemgbet zur Stille. Es dauert einen Augenblick, dann treten kaum zweihundert Meter von uns entfernt drei Elefanten auf die Lichtung. Eine Kuh, ein Bulle, ein Kalb. Sie heben die Rüssel, wittern, prüfen. Für ein paar Sekunden harren sie aus. Die Serienbildauslöser klackern wie die Tasten einer Schreibmaschine. Doch nach zehn Sekunden ist der Zauber vorbei und die Tiere verschwinden im Dickicht. Die Riesen haben sich in Luft aufgelöst, absolut lautlos. Beinahe geisterhaft. Waren es unsere Zigaretten, das Moskitospray oder ein falsches Parfüm? »Irgendetwas an euch hat sie gestört«, sagt der Ranger und grinst. Wahrscheinlich hat er recht. Der Mensch hat hier nichts zu suchen. Immerhin nehmen wir die

Erkenntnis mit nach Hause: Diese scheuen Tiere gibt es trotz all der Bedrohungen wirklich.

Fabian von Poser

In der Zeitmaschine

Ein Besuch beim Volk der Koma in den Alantika-Bergen katapultiert einen in eine längst vergessene Zeit

Ohne Gnade brennt die Sonne auf die Alantika-Berge nieder. Bereits seit zwei Stunden stapfen wir durch die sonnenverbrannte Landschaft. Unsere Wasserflaschen sind fast aufgebraucht. Über steinige Trampelpfade kämpfen wir uns immer weiter hinauf in eine einsame Bergwelt. Immer wieder rasten wir im Schatten riesiger Palaver-Bäume. Als wir nach dem letzten Anstieg eine kleine Ansammlung einfacher Rundhütten erreichen, sind alle total erschöpft. Doch uns bleibt nicht viel Zeit, um uns zu erholen, denn wir sind zu Gast bei den Koma, einem Volk von Animisten, das hier oben im Grenzgebiet zwischen Kamerun und Nigeria ein noch weitgehend autarkes Leben abseits der Zivilisation führt. Erst 1986 wurde der Volksstamm entdeckt, und noch immer sind viele der Riten und Gebräuche völlig unbekannt. Auf nur noch tausendfünfhundert wird die Zahl der Koma geschätzt. Heute finden sich auf der kamerunischen Seite des Gebirges einundzwanzig Koma-Dörfer, auf nigerianischer Seite sind es siebzehn.

Nachdem wir etwas Luft geschnappt haben, bestaunen wir die Schönheit der Natur. Um uns herum erheben sich im Dreihundertsechzig-Grad-Panorama die Alantika-Berge aus der Buschsavanne Nordkameruns. So weit das Auge reicht nichts als Einsamkeit. Nur hier und da schmiegt sich eine kleine Siedlung an den Fels. Der Name »Alantika« bedeutet übersetzt so viel wie »Allah berührt es nicht« oder »das von Gott verlassene Land«. Und der Name ist Programm, denn in die abgelegene Region flohen die Koma einst vor der Islamisierung. Wangai, das Dorf, in dem wir jetzt stehen, ist klein und provisorisch. »Eigentlich leben wir weiter oben in den Bergen, doch um unsere Gäste zu empfangen, sind wir heute hier heruntergekommen«, sagt einer der Koma bei der Begrüßung. Und wir sind froh, dass die Koma uns den Rest des Weges erspart haben. Denn es ist heiß, sehr heiß an diesem Morgen.

Um uns vor der Sonne zu schützen, nehmen wir unter einem Baum Platz. Die Koma sitzen etwas abseits, doch über unseren Dolmetscher Sambo Souaibou kommen wir schnell mit ihnen ins Gespräch. Die Koma haben ihre eigene Sprache. Nach neuesten Untersuchungen sind noch etwa einundsechzigtausend Menschen dieser Sprache mächtig. Es war zu Beginn des 19. Jahrhunderts, als sich die Koma auf der Flucht vor den muslimischen Fulbe in die unwegsamen Alantika-Berge zurückzogen. Bis heute gehen sie hier ihrer Naturreligion nach und leben vom Jagen, Sammeln und von der Landwirtschaft. Gemäß alter Tradition sind Frauen und Männer in der Gesellschaft gleichgestellt. Frauen wie Männer verrichten körperliche Tätigkeiten, kochen und kümmern sich um die Kinder. Häufig werden auch die älteren Geschwister beauftragt, auf die Kleinen aufzupassen, während die Eltern auf den Feldern im Tal arbeiten.

Wer das Treiben in Wangai beobachtet, der fühlt sich wie in einer Zeitmaschine. Während die Männer in einfache Leinenkleidung gehüllt sind, tragen die Frauen bunte Tücher auf dem Kopf und einen Rock aus Blättern, der mit einem Tuch um die Hüften gebunden ist. Ihre Brüste dagegen sind unbedeckt, denn bei den Koma herrscht der Glaube vor, dass bekleidete Frauen den Zorn der Götter auf sich ziehen und mit dem Tod bestraft werden. Zwar haben sich die Regeln ein wenig gelockert. Denn je näher an der Zivilisation sich ein Koma-Dorf befindet, desto größer ist die Wahrscheinlichkeit, dass die Frauen bekleidet sind. Doch in vielen abgelegenen Tälern in den Alantika-Bergen lebt die Tradition weiter.

Einigen der Frauen wurden in einem schmerzhaften Ritual zudem die vorderen Schneidezähne entfernt – als Zeichen des Erwachsenseins. Die Jungen werden beim Eintritt in die Pubertät nach alter Tradition beschnitten. Während der Beschneidung stehen sie aufrecht vor den männlichen Mitgliedern ihres Dorfes. Nur wer das Ritual übersteht ohne Schmerz zu zeigen, wird verehrt und gefeiert. Wer schreit, der bringt Schande über seine Familie und wird es schwer haben, einen Ehepartner finden. Ein weit verbreiteter Glaube der Koma ist auch, dass Zwillingsgeburten Unheil verkünden. Früher wurden die frisch geborenen Zwillinge deshalb oft gemeinsam mit ihrer Mutter lebendig begraben, um die Götter zu beschwichtigen.

Die Lebensweise der Koma trifft nicht überall auf Verständnis. Gerade viele Kameruner können nicht verstehen, dass die Koma auch im 21. Jahrhundert noch leben wie in der Steinzeit. In Armut und fernab von Zivilisation, Gesundheits- und Bildungswesen. Andere begegnen ihrem traditionellen Lebensstil mit großem Respekt. Immerhin konnten sie in Zeiten des Fortschritts ihre Kultur erhalten und sie fortleben. Auch wir fragen uns, ob unser Besuch für die Dorfbewohner eher erfreulich oder unangenehm ist. »Es ist wichtig, dass die Einzigartigkeit unserer Kultur bewahrt wird«, sagt Souaibou. »Wir wollen auf keinen Fall dem Massentourismus zum Opfer fallen und wie im Zirkus für ein wenig Kleingeld für Touristen tanzen, so wie das andernorts geschieht.« Aber, fügt er hinzu, man dürfe nicht vergessen, dass die meisten Koma sehr wohl wissen, wie das Leben außerhalb der Berge aussieht. »Denn natürlich besuchen sie regelmäßig die Märkte der Umgebung. Fremde machen ihnen also keine Angst.«

Begleitet von Souaibou spazieren wir durch das Dorf. Wie es alte Tradition ist, rauchen die Frauen Pfeife. Mit einem Holzrohr stopfen sie den selbst angebauten Tabak in ihre Tonpfeifen. Während die Frauen so vor sich hinpaffen, sitzen die Männer ein Stück weit von ihnen entfernt und unterhalten sich. Gleich neben einer Hütte befindet sich ein kleiner, auf Stelzen gebauter Speicher. Über eine Leiter gelangen wir zur Öffnung im Dach. Die kleinen Hütten dienen als Vorratslager. Der Lehm hält die Vorräte kühl, die Stelzen sollen verhindern, dass

Ratten und andere tierische Diebe zu den Vorräten vordringen können. In einer der Rundhütten zeigen uns zwei Frauen, wie sie auf traditionelle Art Hirse mahlen. Dazu knien sie sich auf den Boden und zerdrücken das Korn so lange mit einem Stein, bis es zu einem feinen Pulver gemahlen ist. Um sich die schwere Arbeit zu erleichtern, singen die Frauen. »Es sind Lieder darüber, wie gut unsere Männer sind und wie glücklich wir sind, sie als Ehemänner zu haben«, erzählt uns eine der Damen später. Immerhin wartet nach der anstrengenden Arbeit eine Belohnung: Denn jedes Jahr nach der Erntezeit brauen die Koma aus dem Gemahlenen ein aromatisches Hirsebier.

Natürlich hat der Besuch in Wangai etwas Voyeuristisches, denn es ist ein Besuch in einem lebenden Museum. Doch uns fasziniert die Einfachheit dieser Kultur. Als wir zurück zu unserem Gepäck kommen, wird lauthals musiziert. Es sind einfache Instrumente, die die Männer spielen: selbst gebastelte Flöten, Trommeln und Rasseln. Andere beginnen zu tanzen. »Dies ist einer von mehreren traditionellen Tänzen«, sagt Souaibou. »Wir führen ihn auf, wenn wir einem Verstorbenen die letzte Ehre erweisen.« Anders als in hiesigen Breiten ist die Musik nicht traurig, sondern fröhlich, denn die Koma zelebrieren das Leben, das der Verstorbene gelebt hat, und betrauern nicht seinen Tod. Die Koma-Frauen sind es, die am ausgelassensten tanzen. Doch am meisten Spaß haben die Kinder: Im Vorbeigehen berühren sie uns von Mal zu Mal forscher – viele von ihnen haben noch nie zuvor Menschen mit heller

Hautfarbe gesehen. Und es ist immer wieder unglaublich, welche Begeisterungsstürme Fotoapparate auslösen können. Die Kleinen drängeln sich um die Fotografen. Natürlich möchte jeder ganz vorne aufs Bild.

Als Souaibou zum Abschied mahnt, versammelt sich noch einmal das ganze Dorf. Viele beklatschen uns und winken ein letztes Mal. Es hat etwas von einer Zeitreise, ein Volk wie die Koma zu besuchen. Und ja, wir diskutieren beim Abstieg lange darüber, ob Besuche wie unserer nicht problematisch sind. Am Ende sind wir jedoch alle froh darüber, gesehen zu haben, was es heißt, im 21. Jahrhundert abseits von Handys und Fernsehern, von Supermärkten, Strom- und Wasserversorgung zu leben. In einer Gemeinschaft, zu der weder Christentum noch Islam vorgedrungen sind – und wo die Menschen offenbar auch ohne all das glücklich sind.

Agnès Kah

Deutsche Vergangenheit

Die Kolonialzeit in Kamerun dauerte kaum länger als dreißig Jahre. Doch noch immer ist das deutsche Erbe im Land allgegenwärtig

»Hier ruhet unser kleiner Liebling Vera Louise Laugwitz, geboren am 13. März 1911, gestorben am 15. Oktober 1911.« So steht es auf einem Grabstein des deutschen Friedhofs von Kribi. Mehr als hundert Jahre trotzt er dort schon der Feuchtigkeit Zentralafrikas und den salzigen Winden des Atlantiks. So wie viele der deutschen Kulturgüter in der Hafenstadt am Golf von Guinea. Zweiunddreißig Jahre, von 1884 bis 1916, währte die deutsche Anwesenheit in Kamerun. Bis heute sind viele der Kulturdenkmäler in Kribi erhalten geblieben: der kleine Hafen an der Mündung des Kienkié-Flusses, der mehr als einhundert Jahre alte Leuchtturm, die Kirche der katholischen Pallottinermission von 1891, ein paar Verwaltungsgebäude und der alte deutsche Friedhof.

Seit mehr als fünfhundert Jahren bereits interessieren sich die Europäer für die westafrikanische Küste. Als im Jahr 1472 portugiesische Seefahrer an den Gestaden Kameruns anlegten, war das der Beginn der europäischen Anwesenheit. Auch seinen Namen verdankt das Land den Portugiesen: Wegen seiner vielen Krabben nannten sie den heutigen

Fluss Wouri bei Duala »Rio dos Camarões«, Krabbenfluss. Schnell begannen die Portugiesen mit Elfenbein und Zuckerrohr aus dem Inneren Afrikas zu handeln, später kamen Sklaven hinzu. Nachdem die Duala-Könige 1840 mit Großbritannien die völkerrechtlichen Verträge für ein Verbot des Menschenhandels und der Sklaverei unterschrieben hatten, wurde der Sklavenhandel durch den Handel mit Palmöl und Palmkernen abgelöst.

Und dann kamen die Deutschen ins Spiel. Im Vergleich zu anderen Kolonialmächten wie Portugal, Frankreich, Belgien und Großbritannien war Deutschland spät dran in Afrika. Immerhin konnten sich die Deutschen Gebiete wie Deutsch-Südwestafrika, das heutige Namibia, Deutsch-Ostafrika, die heutigen Länder Tansania, Burundi und Ruanda, sowie Togo und Kamerun sichern. Es war das Hamburger Handelshaus Woermann, das in der zweiten Hälfte des 19. Jahrhunderts an der Mündung des Wouri-Flusses erste Handelsniederlassungen errichtete. Danach wuchs der deutsche Einfluss schnell. 1884 hatte der deutsche Generalkonsul Dr. Gustav Nachtigal mit mehreren Häuptlingen der Duala und anderen regionalen Herrschern Schutzverträge abgeschlossen und das »Schutzgebiet« Kamerun proklamiert. Als bei der Berliner Kongo-Konferenz im November desselben Jahres insgesamt dreizehn Kolonialmächte Afrika wie einen Kuchen aufteilten, fiel Kamerun offiziell dem Kaiserreich zu.

Verwaltungszentrum der Kolonialmacht wurde zunächst die Küstenstadt Duala, die die Deutschen »Kamerunstadt« nannten. Die ersten größeren Expeditionen ins Hinterland unternahmen die Offiziere Richard Kund, Hans Tappenbeck und Curt Ernst Morgen sowie der Forscher Eugen Zintgraff. Kund und Tappenbeck gründeten 1889 die Forschungsstation Jeundo, heute Jaunde, Zintgraff die Station Baliburg an der Grenze zum heutigen Nigeria. Allerdings darf das nicht darüber hinwegtäuschen, dass die Deutschen es mit eigenem Personal in ihrer neu gewonnenen Kolonie nicht gerade übertrieben. Noch im Jahr 1900 hatten sie nur wenige Posten unter Kontrolle, die Schutztruppe bestand lediglich aus drei Dutzend Offizieren und Unteroffizieren. Das deutsche »Heer« setzte sich vornehmlich aus Einheimischen zusammen: sechshundertsechsunddreißig *askari*, also Söldner verschiedener Stämme.

Weil die Malaria und das tropische Klima viele Todesopfer forderten, verlegte Gouverneur Jesko von Puttkamer den Regierungssitz 1901 von Duala in das tausend Meter hoch gelegene Buea am Fuß des Mount Cameroon, zu Deutsch Kamerunberg. Mit mehr als zweihundert Regentagen im Jahr ist der höchste Berg Westafrikas bis heute einer der regenreichsten Orte des Kontinents. Seit 1897 waren an den Flanken des viertausendfünfundneunzig Meter hohen Berges mit seiner fruchtbaren Vulkanerde bereits zahlreiche Palmöl-, Kautschuk-, Kaffee- und Kakaoplantagen entstanden. Die Region um Buea wurde schnell zum Wirtschaftszentrum der deutschen Kolonie.

Das Regiment der Deutschen war zwar nicht so bestialisch wie das der Belgier im Kongo. Auch fehlten brutale Episoden von der Dimension des deutschen Völkermords an Zehntausenden Herero und Nama in Namibia zwischen 1904 und 1908 und der Niederschlagung des Maji-Maji-Aufstands in Tansania, bei dem zwischen 1905 und 1907 etwa hundertzwanzigtausend Einheimische ihr Leben ließen. Wiederholt kam es während der deutschen Kolonialherrschaft in Kamerun aber zu »Kolonialskandalen«. Wer sich nicht freiwillig den Deutschen anschließen wollte, der wurde dazu gezwungen. Zum Beispiel beim brutalen Feldzug der Deutschen gegen das Volk der Bakweri im Dezember 1894, bei dem deren Siedlungen am Fuß des Mount Cameroon dem Erdboden gleich gemacht wurden.

Einer der wohl übelsten Fälle kolonialer Unterdrückung war der »Fall Leist«. Von Dahomey-König Behanzin hatten die Deutschen Dutzende Männer und Frauen als Sklaven angekauft. Diese sollten ihnen bei der Erschließung Nordkameruns helfen. 1891 wurden die Männer in die deutsche Truppe eingegliedert, die Frauen in den Regierungsdienst. Weil die Deutschen den Soldaten nur einen schäbigen Sold zahlten und gegenüber den Frauen übergriffig wurden, kam es 1893 zur sogenannten Dahomey-Meuterei. Die Unruhen wurden brutal niedergeschlagen, viele der Frauen mit der Nilpferdpeitsche misshandelt. Als Verantwortlichen für die Übergriffe machte die deutsche Verwaltung den damaligen stellvertretenden Gouverneur Heinrich Leist aus. Leist stand dann auch in Potsdam für seine Taten vor Gericht, wurde aber nur zu einer geringen Strafe verurteilt.

Viel Zeit für weitere Folterungen blieb den Deutschen zum Glück nicht. Zwar kam es 1911 durch das Marokko-Kongo-Abkommen zu einer deutlichen Vergrößerung der Kolonie von vierhundertfünfundneunzigtausend Quadratkilometern auf siebenhundertneunzigtausend Quadratkilometer. »Neukamerun« war damit fast eineinhalb Mal so groß wie das Deutsche Reich. Doch davon hatten die Kolonialherren nicht mehr viel. Mit Beginn des Ersten Weltkriegs mussten sie – übrigens nicht, ohne ihren ehemaligen Verbündeten, den Duala-König Rudolf Manga Bell, vorher brutal hingerichtet zu haben – vor den Franzosen und Engländern fliehen. 1916 ergab sich die letzte Garnison in Mora in Nordkamerun. Im Versailler Vertrag von 1919 ging Kamerun offiziell in den Besitz des Völkerbunds über, der wiederum das Mandat zur Verwaltung an Briten und Franzosen übertrug. Der französische Teil wurde 1960 unabhängig und proklamierte das heutige Kamerun. Im britischen Verwaltungsgebiet wurde 1961 eine Volksabstimmung abgehalten. Der nördliche Teil wurde danach in das Staatsgebiet Nigerias integriert, der südliche Kamerun zugeschlagen.

In Kamerun ist das deutsche Erbe nicht so präsent wie in der ehemaligen deutschen Kolonie Namibia, aber gerade im Süden des Landes sind die Relikte immer noch allgegenwärtig. Die deutsche Kolonialzeit dauerte nur zweiunddreißig Jahre, aber ihre Zeugnisse sind bedeutsamer als alles, was Franzosen und Engländer im Land hinterließen. Der rotweiße Leuchtturm von Kribi, der heute noch über dem Küstenstädtchen thront, die Pallottinermission auf dem Mvolye-Hügel in Jaunde, Kirchen und

Friedhöfe im ganzen Land sowie ganz pragmatische Bauwerke wie die Brücke über den Sanaga-Fluss bei Edéa sind Zeugen dieser Zeit. Mehr als hundert Jahre hat die hundertsechzig Meter lange Stahlbogenbrücke, die 1911 von der Gutehoffnungshütte in Oberhausen gebaut wurde und per Dampfschiff nach Kamerun transportiert wurde, Wind und Wetter getrotzt. Tausende überqueren sie bis heute jeden Tag. Vielen Kamerunern ringt die deutsche Ingenieurskunst deshalb bis heute Respekt ab.

Auch in Buea, dem ehemaligen Verwaltungssitz der Deutschen, stehen noch zahlreiche Gebäude aus kolonialer Zeit. Neben Jesko von Puttkamers wilhelminischem Schlösschen zeugen der alte deutsche Friedhof und der erst jüngst renovierte Bismarck-Brunnen von 1899 mit dem Konterfei Fürst Otto von Bismarcks von der deutschen Vergangenheit. Doch es sind nicht nur Bauwerke, die von damals geblieben sind. Auch etwas anderes findet man in Kamerun immer wieder: kilometerlange Alleen. Sie stammen ebenfalls aus deutscher Zeit, denn es gab wiederholt Anweisungen der Kolonialverwaltung an lokale Häuptlinge, das Wegenetz instand zu halten. Dazu gehörte es auch, links und rechts der Wege Bäume zu pflanzen – meist Zitronen- und Mangobäume.

Das am nachhaltigsten genutzte deutsche Erbe ist ebenfalls grün und liegt an den Ostflanken des Kamerunbergs. Die Rede ist vom größten Plantagengebiet Westafrikas. Nachdem der Elfenbeinhandel wegen der Überjagung im 19. Jahrhundert nach und nach an Bedeutung verloren hatte, konzentrierte sich die Ausbeutung Kameruns immer stärker auf Naturprodukte wie Palmöl, Kautschuk, Gummi, Kakao und Kaffee. Nirgendwo sonst im Land herrschen wegen der fruchtbaren vulkanischen Böden und der regelmäßigen Regenfälle so günstige Bedingungen für den Plantagenbau.

Allerdings gingen die Deutschen auch hier rücksichtslos mit den Einheimischen um. Tausende Bakweri in den Dörfern am Fuße des Kamerunbergs wurden mithilfe der 1896 erlassenen »Kronland-Verordnung« enteignet und ihr Land an deutsche Aktiengesellschaften veräußert. Unternehmen wie die »Kamerun Land- und Plantagengesellschaft« und »Westafrikanische Pflanzungsgesellschaft Victoria« beuteten das Land in der Folge gnadenlos aus. Die ehemaligen Bewohner wurden auf unfruchtbarere Parzellen umgesiedelt – im Zweifel mit Gewalt. Nur zwei Hektar blieben den Familien pro Hütte. Viele Bewohner wanderten deshalb in andere Regionen Kameruns ab.

Heute scheinen die deutsche Willkür und die koloniale Gewalt in Kamerun weitgehend vergessen zu sein. »Im Allgemeinen steht die kamerunische Bevölkerung Deutschland sehr positiv gegenüber«, sagt der Kameruner Germanistikprofessor David Simo, der sich jahrzehntelang intensiv mit der Geschichte seines Landes befasst hat und heute das Deutsch-Afrikanische Wissenschaftszentrum (DAW) an der Universität Jaunde leitet. Viele Kameruner hätten nur sehr schemenhafte Vorstellungen von der deutschen Kolonialzeit, so Simo. Dass die Vergangenheit verklärt wird, hat zum einen damit zu tun, dass das heutige Bild Deutschlands das alte überlagert. Die Deutschen werden zwar immer noch als »nüchtern« und »gefühlskalt« gesehen, es überwiegen aber positive Bilder davon, wie effizient und erfolgreich die Deutschen sind. Zum anderen hat das damit zu tun, dass während der französischen Herrschaft die deutsche Geschichte verdrängt werden sollte. Kamerunern war es quasi untersagt, die deutsche Kolonialzeit zu erwähnen. So entstand eine Tradition, die deutsche Epoche absichtlich zu erwähnen, um die Franzosen zu ärgern – und natürlich nur die positiven Momente zu erwähnen.

Dazu kommt, dass viele Kameruner in der deutschen Regierung in Berlin ein positives Gegenbild zur eigenen, ungeliebten Regierung in Jaunde sehen, die in erster Linie mit Korruption und Günstlingswirtschaft in Verbindung gebracht wird. Nach außen hin ist Kamerun ein stabiles Land. Mit einem jährlichen Wirtschaftswachstum von fünf Prozent und Bodenschätzen wie Erdöl, Erdgas, Eisenerz, Bauxit, Kupfer, Chrom, Uran, Gold und Diamanten gilt das Land als Stabilitätsanker in der Region. Doch die Korruption ist unter dem in die Jahre gekommenen Regime Paul Biyas, der das Land seit 1982 ununterbrochen regiert, weit verbreitet.

Auf dem Korruptionswahrnehmungsindex von Transparency International von 2015 nimmt Kamerun den hundertdreißigsten Platz von insgesamt hundertachtundsiebzig gelisteten Staaten ein – noch hinter Kirgistan, Kasachstan, Madagaskar und Timor Leste. Präsident Paul Biya und seine extravagante, siebenunddreißig Jahre jüngere First Lady

Chantal sind nach zahlreichen Skandalen im Volk mittlerweile unbeliebt. Aber wer sich zu weit gegen die Präsidenten-Clique aus dem Fenster lehnt, der spürt den langen Arm der Regierung. Der kamerunische Schriftsteller Bertrand Zepherin Teyou verfasste 2010 ein Buch mit dem Titel »Chantal Biya: Die Schöne aus der Bananenrepublik. Von der Straße in den Palast«. Und wurde dafür bei einer Signierstunde in einem Hotel in Jaunde verhaftet und zu einer Geldstrafe verurteilt, die er nur mithilfe zahlreicher Unterstützer und Freunde aufbringen konnte.

Trotz solcher Eskapaden sind die politischen Beziehungen zwischen Deutschland und Kamerun gut. Im Oktober 2015 und im Februar 2016 besuchten Delegationen des Deutschen Bundestags das Land. Deutschland ist darüber hinaus mit zahlreichen Einrichtungen in Kamerun vertreten, darunter das Goethe-Institut, das Informationszentrum des Deutschen Akademischen Austauschdienstes (DAAD) an der Universität Jaunde, die Gesellschaft für Internationale Zusammenarbeit (GIZ), die Friedrich-Ebert-Stiftung und die Kreditanstalt für Wiederaufbau (KfW). Seit mehr als fünf Jahrzehnten schon engagiert sich die Bundesrepublik im Bereich der Entwicklungszusammenarbeit. Seit der Unabhängigkeit Kameruns hat Deutschland die Entwicklung mit einer Summe von etwa einer Milliarde Euro unterstützt.

Gerade das Interesse der jungen Kameruner an Deutschland ist riesig. Das liegt vor allem am guten Ruf, den deutsche Wissenschaft und Technik im Land genießen. »Deutsch ist in Kamerun ein reguläres Schulfach. Hunderttausende Kameruner lernen die Sprache«, sagt David Simo, der sich seit vierzig Jahren im akademischen Austausch engagiert. Etwa zweihundertdreißigtausend kamerunische Schüler lernten Deutsch, rund sechstausend kamerunische Studenten seien derzeit an deutschen Hochschulen eingeschrieben. Damit bilden Kameruner mit Abstand die größte Gruppe afrikanischer Studenten in Deutschland.

Die Kolonialzeit gerät nach und nach in Vergessenheit. Aber, auch das sagt Simo: »Die Generation, die diese Zeit noch erlebt hat, lebt ja auch nicht mehr.« Deswegen könne niemand mehr bezeugen, wie viele Menschen die Deutschen damals umgebracht hätten und wie sehr die Kameruner die Kolonialherren damals hassten. »Heute wird in der Öffentlichkeit schlichtweg nicht mehr viel über die deutsche Epoche gesprochen, weder in den Medien noch in der Schule. Es gibt auch keine institutionalisierten Erinnerungsorte oder Daten«, sagt Simo. Und genau deswegen muss – bei aller Freundschaft zwischen beiden Ländern – auch gesagt werden: Eine Neubewertung der deutschen Kolonialzeit in Kamerun täte Not. Im Sinne der Kameruner. Und im Sinne der Deutschen.

Fabian von Poser

Der Schatten der Sklaverei

Auch wenn der Menschenhandel in Kamerun nie die Bedeutung erlangte, die er in Westafrika hatte, sind die Spuren der Sklaverei im Land immer noch zu sehen

Es war eine wissenschaftliche Premiere. Im Jahr 2015 untersuchte ein Team von Forschern rund um Hannes Schroeder vom Naturhistorischen Museum der Universität Kopenhagen und Thomas Gilbert von der Universität Leiden das Erbgut dreier zwischen 1660 und 1688 auf der niederländischen Antillen-Insel St. Martin zu Grabe getragener Sklaven. Die Überreste waren 2010 bei Bauarbeiten gefunden worden. Die Forscher entnahmen DNA aus den Zahnwurzeln der Toten und glichen die Erbsubstanz mit der DNA fast eines Dutzends afrikanischer Bevölkerungsgruppen ab. Das Ergebnis: Einer der beiden Männer stammte von einer bantusprechenden Gruppe ab, die heute im Norden Kameruns lebt. Der andere Mann und die Frau kamen aus dem Gebiet des heutigen Nigeria und Ghana. Diese Methode könnte in Zukunft bei zahlreichen weiteren Totenfunden eingesetzt werden, denn wo die afrikanischen Sklaven des 17. Jahrhunderts landeten, ist meist bekannt: in Amerika. Aber aus welchen Regionen sie ursprünglich stammten, ist noch weitgehend unerforscht.

Zugegeben: Kamerun war kein Zentrum des

Sklavenhandels. Das blutige Geschäft mit der Ware Mensch hat im Gegensatz zu Ländern wie dem Senegal, Gambia, Sierra Leone, Liberia, Benin, Togo und Nigeria nicht viele sichtbare Spuren im Land hinterlassen. Doch auch Kamerun war in den Sklavenhandel involviert. Und wer genau hinsieht, der findet noch heute Hinweise darauf, dass an seinen Gestaden einst Tausende Menschen aufs Schlimmste misshandelt wurden. Im Hafenstädtchen Bimbia, siebzig Kilometer westlich von Duala, beispielsweise lässt sich anhand Dutzender in dichtem Gestrüpp stehender Steinsäulen noch erahnen, welche Grausamkeiten die Menschen hier ab dem 17. Jahrhundert erleiden mussten: Sie wurden an Steinsäulen gekettet, um auf ihre Überfahrt in die Neue Welt zu warten. Mithilfe des US State Department wurden in den vergangenen Jahren einige der alten Gebäude des historischen Sklavenmarkts freigelegt – ein gruseliges Kapitel Geschichte.

Die Sklaverei in Afrika ist einer der dunkelsten Momente der Menschheitsgeschichte. Allein zwischen 1500 und 1850 sollen mehr als zwölf Millionen Menschen nach Amerika verschleppt und dort versklavt worden sein. Schon in den antiken Hochkulturen Afrikas gab es »Haussklaven«, die meist ein Leben lang ihrem »Besitzer« dienten. Das Schicksal der Sklaverei wurde von Generation zu Generation vererbt, denn Sklaven durften ausschließlich ihresgleichen heiraten. Noch erheblich grausamer jedoch war der professionalisierte Sklavenhandel europäischer Kolonialnationen seit dem 16. Jahrhundert. Der Handel mit der Ware Mensch veränderte das Leben Hunderttausender Familien über Generationen – teilweise bis heute. Die Sklaverei traumatisierte Millionen.

Alles begann Mitte des 15. Jahrhunderts, als sich die Portugiesen an die Westküste Afrikas aufmachten, um nach Gold zu suchen. Was sie fanden, sollte sich schnell als wesentlich ertragreicher erweisen als das Edelmetall: Sklaven. Diese stammten meist aus dem Hinterland und wurden entweder von den Europäern selbst entführt oder von ihren Königen und Häuptlingen im Tausch gegen Gewehre, Schießpulver, Alkohol, Tabak, Glasperlen und Textilien diesen angeboten. In den ersten Jahrzehnten war die Anzahl der verschifften Sklaven relativ gering. Mit der Kolonialisierung Amerikas und der Karibik jedoch stieg die Nachfrage nach Arbeitskräften für die stetig wachsenden Plantagen. In den frühen Jahren wurden amerikanische Ureinwohner für die Arbeit auf Plantagen und in Minen der Neuen Welt eingesetzt. Der spanische Priester Bartholomeo befand sie jedoch für »wenig geeignet« und »zu wenig ausdauernd« für die harte, körperliche Arbeit und empfahl stattdessen Sklaven aus Afrika. Bemerkenswert ist, dass eben dieser Priester später einer der Ersten sein sollte, der sich gegen die Sklaverei aussprach.

Am transatlantischen Sklavenhandel beteiligten sich beinahe alle europäischen Nationen, vor allem aber Portugiesen, Franzosen, Briten und Niederländer. Bezahlt wurden sie von ihren Kunden – also den Plantagenbesitzern in den Südstaaten Amerikas – mit Zucker, Tabak, Baumwolle, Gewürzen und Kaffee. Schnell wurde aus dem Sklavenhandel ein lukratives Geschäft, und bald hing die gesamte Wirtschaft in Nordamerika von der Versorgung mit Sklaven ab. Heute sprechen Historiker von einem »Dreieckshandel«, denn es waren im Wesentlichen drei Gruppen involviert: Die europäischen Sklavenhändler verschifften die Sklaven von Afrika nach Nord- und Südamerika. Die Amerikaner verwendeten die auf den Farmen und in den Minen gewonnenen Rohstoffe, um die europäischen Sklavenhändler zu bezahlen. Diese brachten die Rohstoffe nach Europa, wo sie zu Endprodukten verarbeitet wurden. Die Europäer wiederum nutzten Produkte wie Tabak, Textilien und Schusswaffen dazu, neue Sklaven in Afrika zu kaufen. Ein Kreislauf, aus dem Afrika als eindeutiger Verlierer hervorging.

Weil viele Regionen an der afrikanischen Westküste über die Jahre stark entvölkert worden waren, mussten die Sklavenhändler immer häufiger bis hinunter nach Angola und sogar an die afrikanische Ostküste bis nach Mosambik reisen, um neue Sklaven zu beschaffen. Zwar war laut verschiedener Verträge die Zahl der zu verschiffenden Sklaven begrenzt. Aufgrund der hohen Sterblichkeitsrate während der Überfahrt wurden diese Begrenzungen jedoch häufig »vorausschauend missachtet«. Unter menschenunwürdigsten Umständen wurden die Sklaven auf Booten zusammengepfercht und mussten dort Wochen oder sogar Monate ausharren. Die Auswirkungen, die der Sklavenhandel auf west- und zentralafrikanische Länder wie Kamerun hatte, waren gravierend: Die afrikanische

Bevölkerung wurde brutal dezimiert. Besonders arbeitsfähige junge Männer und Frauen wurden an Sklavenhändler verkauft. Familien wurden auseinandergerissen, die Zahl der Waisen stieg dramatisch an. Auch kulturell hatte die Sklaverei verheerende Auswirkungen: Um die Aufmerksamkeit der Sklavenhändler nicht auf sich zu ziehen, stellten viele Volksgruppen und Stämme kulturelle Traditionen wie Feste und Feiern beinahe völlig ein.

Der Sklavenhandel in Kamerun wurde von den Briten beherrscht, immer wieder gab es aber Rivalitäten mit Frankreich. Hauptumschlagplatz waren Bimbia und das am heutigen Wouri-Fluss gelegene Duala. Meist errichteten die Sklavenhändler jedoch gar keine Stützpunkte an Land, um ihre Geschäfte mit der Sklaverei abzuwickeln. Aus Angst vor Krankheiten und Angriffen blieben sie an Bord ihrer Schiffe und arbeiteten nur über Mittelsmänner der Duala, Bulu und Bakweri. Deren Aufgabe war es, die Sklaven aus dem Hinterland zur Küste zu schaffen und gleichzeitig die im Tausch angebotenen Waren der Europäer auszuliefern. Weil die Europäer ihre Mittelsmänner im Voraus bezahlten und die Waren ausgaben, behielten sie oft Verwandte der Mittelsmänner als Pfand bei sich.

Die Sklaven, die im Inland eingetauscht wurden, waren meist schon mehrfach in ihrem Leben innerhalb Afrikas verkauft worden, bevor sie auf einem europäischen Handelsschiff landeten. Der Weg an die Küste war beschwerlich. Nicht selten mussten die Sklaven Hunderte von Kilometern angekettet hintereinander herlaufen. Viele überlebten diese Märsche nicht. Schafften sie es bis zum Hafen, war es für sie das erste Mal in ihrem Leben, dass sie einen Weißen zu Gesicht bekamen. Und als ob dies nicht schon beängstigend genug für sie gewesen wäre, war ihnen auch ihr Schicksal unklar. Gerüchte machten die Runde, dass Afrikaner bei den Europäern auf der Speisekarte standen und verschleppt wurden, um später gegessen zu werden. Aus Angst davor nahmen sich viele Sklaven an Orten wie Bimbia und Duala das Leben.

Zum Glück währte das Geschäft nicht lange. In Europa wurde der Sklavenhandel 1803 zunächst von Dänemark verboten. Im Jahr 1808 erfolgte das Verbot für alle britischen Kolonien. Nach dem Wiener Kongress im Jahr 1815 wurden erst der Sklavenhandel und später auch die Sklaverei von allen beteiligten Ländern verboten. Der Grund, warum immer mehr Länder dem Verbot zustimmten, war ganz pragmatischer Natur: Die verbesserten Produktionsbedingungen infolge der industriellen Revolution vereinfachten Ernte und Produktion. Selbst die Vereinigten Staaten von Amerika schafften die Sklaverei sukzessive ab. Die Sklavenhaltung fand aber erst durch die Niederlage der Südstaaten im amerikanischen Bürgerkrieg im Jahr 1865 endgültig ein Ende.

Auch danach war die Sklaverei allerdings nicht gänzlich zu Ende. Offiziell gab es während der seit 1884 bestehenden deutschen Kolonialherrschaft in Kamerun keine Sklaven. Die Grenzen dessen, was man unter dem Begriff Sklaverei versteht, sind jedoch fließend. Im Jahr 1891 zum Beispiel kaufte der zur Expedition ins Hinterland Kameruns eingesetzte Hauptmann Karl Friedrich Freiherr von Gravenreuth dreihundertsiebzig Sklaven und Sklavinnen aus dem Königreich Dahomey, das sich an der heutigen Küste Benins befand. Die offiziell »freigekauften« Männer und Frauen verpflichteten sich vertraglich, ihre Kaufsumme in fünfjährigem Dienst in der Kameruner Kolonialverwaltung durch unentgeltliche Tätigkeit abzuarbeiten. Im Gegenzug erhielten sie freie Verpflegung und Bekleidung. Während die Frauen Hausarbeit verrichten mussten, wurden die Männer zu Soldaten ausgebildet und mussten gegen aufständische Dörfer kämpfen. So hart die Arbeit im Einzelfall auch gewesen sein mag: Zumindest stand am Ende die Aussicht auf Freiheit.

Agnès Kah

Großwildleinwand

Der Bouba-Ndjida-Nationalpark im Nordosten Kameruns gilt als einer der artenreichsten des Kontinents. Doch seine Tierwelt ist in Gefahr

Als Ranger Adamou, ein Mann von mittlerem Wuchs und drahtiger Statur, an einem Morgen im März vor seine Hütte trat, einem windschiefen Verschlag unter mächtigen Urwaldriesen an den Ufern des Lidi-Flusses, war nichts, wie es vorher gewesen war. Am Horizont kündigten dunkle Wolken die bevorstehende Regenzeit an. Adamou war nervös. Über Funk hatte man ihm mitgeteilt, dass sie wieder zugeschlagen hatten. Der Ranger zog seine schwarzen Lederstiefel an, wickelte wie jeden Morgen die Schnürbänder um die Stiefel und griff nach der Machete. Wenig später hoppelten er und seine Wildhüter-Kollegen im offenen Pick-up durch die Savanne. Einige Kilometer östlich des Camps, es mögen fünf gewesen sein, machten sie halt. Und sie standen vor dem Unfassbaren: den sterblichen Überresten von vier ausgewachsenen und einem halbwüchsigen Elefanten. Die Körper waren noch warm. Es war nicht das erste Mal, dass sie dieses Bild sahen, doch noch nie waren die Wilderer so grausam vorgegangen.

Jetzt, zwei Jahre nach jenem 5. März 2012, steht Adamou wieder an demselben Ort. Und die Kadaver der Elefanten sind noch immer da. Mit der Machete schlägt der Ranger einige Äste aus dem Unterholz, um sich einen Weg zu bahnen. Dann, kaum zwanzig Meter von der schlammigen Piste entfernt, über die der Jeep eben noch gerutscht war, eröffnet sich das Bild des Grauens: fünf bis auf die Haut zusammengefallene Kadaver. Fliegen schwirren umher, in der Luft liegt immer noch ein leicht säuerlicher Geruch von Verwesung. »Sie kamen mit Pferden, Kamelen und großkalibrigen Gewehren und schnitten den Tieren mit Kettensägen bei lebendigem Leib die Stoßzähne ab«, sagt der Ranger. »An Sammelplätzen horteten sie das Elfenbein und deckten es mit Tierfellen zu. Kaum ein Tier konnte entkommen.«

Der Bouba-Ndjida-Nationalpark, dieses versteckte Kleinod im Nordosten Kameruns, galt lange Zeit als eines der wildreichsten Schutzgebiete Afrikas: Elefanten, Giraffen, Löwen, Leoparden, Hyänen, Flusspferde und eine schier endlose Zahl an Antilopen, darunter Riesen-Elenantilopen, Pferdeantilopen, rote Kuhantilopen, Wasserböcke, Kob-Antilopen und mindestens drei verschiedene Arten Ducker, machten den Park zu einem Tierparadies. Benannt wurde das Schutzgebiet nach einem Sultan. Bouba Ndjida reiste 1799 aus Mali hierher und gründete ganz in der Nähe des heutigen Parks sein kleines Reich. 1968 wurde das zweihundertzwanzigtausend Hektar große Areal an der Grenze zum Tschad zum Nationalpark erklärt. Gemeinsam mit dem dortigen Sena-Oura-Nationalpark bildet er seit 2007 ein länderübergreifendes Schutzgebiet.

Das touristische Potenzial des Parks ist enorm. An den Ufern des Lidi-Flusses, wo die Sonne am Abend hinter den Strohdächern der Bouba-Ndjida Safari Lodge versinkt, ist Afrika wie man es aus Filmen kennt: In den Flussbiegungen, in denen selbst in der Trockenzeit noch Wasser steht, prusten Flusspferde Fontänen in die Luft. Ihre Geräusche hört man noch aus mehreren Hundert Metern Entfernung. Kob-Antilopen trotten zum Wasser, und man kann Giraffen beim Trinken zusehen. Wie sie sich mit bedächtigen Schritten dem Wasser nähern. Wie sie vorsichtig die anderen Tiere taxieren. Wie sie langsam die Beine spreizen und dann den Kopf aus sechs Metern Höhe hinunter zum Wasser führen.

Doch seit immer wieder Wilderer in den Park eindringen, ist das Paradies in Gefahr. Wie die Waldelefanten des Kongobeckens sind auch Nord-Kameruns Savannenelefanten ins Visier der Jäger geraten. Zwischen Mitte Januar und Mitte März 2012 erlegten diese insgesamt sechshundertfünfzig Elefanten – mehr als die Hälfte der Elefanten im Park und fast ein Drittel der Population der Savannenelefanten im Norden Kameruns. Die Tiere, die das Massaker überlebten, flohen in den Tschad. Nur sehr zögerlich kommen sie zurück. Auch davor hatte es immer wieder Übergriffe von Wilderern gegeben. Dieses Mal aber kamen sie in so großer Zahl und technisch so gut ausgestattet, dass die Ranger keine Chance hatten. Bis das Militär aus der tausend Kilometer entfernten Hauptstadt Jaunde eintraf, war es zu spät.

Céline Sissler-Bienvenu, Direktorin der US-amerikanischen Tierschutzorganisation International Fund for Animal Welfare (IFAW), die nach dem Massaker 2012 als eine der Ersten den Park besuchte, geht von etwa fünfzig bis hundert Jägern aus. Sie kamen auf Pferden, hatten Infrarotkameras und AK-47-Sturmgewehre im Gepäck und gingen mit äußerster Brutalität vor. »Sie töteten auch die Jungtiere«, berichtet die Tierschützerin, »damit wollten sie erreichen, dass die übrigen Tiere der Herde zurückkehren, um auch sie zu erlegen.« Sissler-Bienvenu geht davon aus, dass die Jäger aus dem Sudan nach Kamerun kamen. Indizien dafür gibt es genug: Laut Augenzeugenberichten sprachen die Wilderer Arabisch und trugen arabische Kleidung. An den ausgewachsenen Elefanten fehlte zudem ein Teil des Ohres. Ein sudanesischer Brauch. Das kreisrunde Stück Haut dient den Jägern traditionell als Trophäe für jeden getöteten Elefanten. »Die Wilderei hat sich in den vergangenen Jahren verändert«, sagt die Tierschützerin. »In den achtziger Jahren jagten die Menschen, um zu überleben. Heute tun sie es, um den asiatischen Markt mit Elfenbein zu versorgen.«

Nahe am Sahel gelegen, stößt das dichte Grün Zentralafrikas im Bouba-Ndjida-Nationalpark auf das helle Gelb der Wüste. Es ist eine hügelige, baumbestandene Savannenlandschaft, in der sich die Tiere tummeln. Sie ist übersät mit lichten Galeriewäldern und durchzogen von sogenannten *mayos*, Flussbetten. Bis zum Massaker von 2012 kümmerte sich die Regierung kaum um den Park. Zu weit abgelegen war er, zu unzugänglich. Am Eingangstor im Dorf Koum gab es keinen Wächter. Das Pförtnerhaus war unbesetzt, das Eingangsschild von Schrotkugeln durchsiebt. Die meisten Pisten wurden nicht mehr gepflegt. Das Areal war nicht einmal eingezäunt, die meisten Ranger unbewaffnet – auch das machte es den Wilderern einfach.

Doch seit einiger Zeit gibt es Hoffnung. Gemeinsam mit dem Tschad hat die Regierung in Jaunde eine grenzüberschreitende Initiative gegen die Wilderei unterzeichnet, in deren Zug auch die Park-Ranger verstärkt wurden. »Man konnte sich bislang nicht dazu durchringen, einfache Ranger so auszustatten wie das Militär«, sagt Francis Nchembi Tarla, Direktor des Garoua Wildlife College, an dem ein Großteil der Ranger ausgebildet wird. »Mittlerweile aber schulen wir regelmäßig Park-Guards an großen Waffen.« Zudem sieht das Programm vor, die Wege im Park zu verbessern. Unterstützt wird das Projekt mit zwei Millionen Euro von der Europäischen Union. »Denn wo mehr Touristen sind, da ist weniger Platz für illegale Jagd.« Doch, auch das räumt Nchembi ein, eine Garantie für die Sicherheit der Tiere ist das nicht. »Wir sind in Afrika, und für vollständige Kontrolle ist der Park einfach zu groß.«

Dass mehr Ranger aber immerhin mehr Schutz bedeuten, hat das Nachbarland Tschad gezeigt. Dort war die Elefantenpopulation im Zakouma-Nationalpark in den Jahren 2003 bis 2010 durch Wilderei um mehr als drei Viertel zurückgegangen. Fast viertausend Elefanten wurden in nur sieben Jahren erlegt und ihres Elfenbeins entledigt. Jahrelang wurden wegen des großen Jagddrucks keine Jungtiere mehr geboren. Bis heute gibt es in den Elefantenherden kaum Teenager. Nachdem 2010 die Parkverwaltung an die private Management-Gesellschaft African Parks übergeben wurde, die Zahl der Ranger erhöht und lokale Gemeinden in den Naturschutz einbezogen wurden, konnte die Wilderei quasi gestoppt werden. Seitdem erholen sich die Tierbestände, und es werden auch wieder Jungtiere geboren. Seit 2010 ist die Wildpopulation im Park so stark angestiegen, dass Experten von einer »der größten Erfolgsgeschichten im afrikanischen Naturschutz« sprechen.

Weil die Regierung in Jaunde auf persönliches Geheiß von Präsident Paul Biya im Dezember 2012 die größte Militäraktion startete, die Kamerun je gesehen hatte, und mehr als sechshundert Elitesoldaten des »Bataillon d'Intervention Rapide (BIR)« nach Bouba-Ndjida schickte, war Tierschützerin Sissler-Bienvenu zunächst guter Dinge, dass die Wilderer dauerhaft vom Park ferngehalten werden könnten. Vergebens: Kaum war ein Großteil der Soldaten nach zwei Jahren relativer Ruhe wieder abgezogen, schlugen die Jäger im Januar 2015 erneut zu. Bauern beobachteten rund ein Dutzend bewaffnete Männer auf Pferden nahe der Grenze zum Tschad. Wenige Tage später fanden Ranger die sterblichen Überreste von zehn Elefanten – allen waren mit äußerster Brutalität die Stoßzähne entfernt worden.

Afrikaweit werden jedes Jahr sechsunddreißigtausend Elefanten getötet, schätzen Experten des IFAW, hundert am Tag. Nicht nur in Kamerun. Aber das Töten in Kamerun ist für die Wilderer ein besonders leichtes Spiel. Korrupte Behörden können oder wollen die Wilderei nicht stoppen – oder verdienen selbst daran. Vereinfacht ausgedrückt: Es gibt kaum einen Ranger, der nicht bestechlich wäre. Und kaum einen, der bereit wäre, sich unter Einsatz des eigenen Lebens den Wilderern entgegenzustellen. Angefeuert wird das Geschäft von wachsender Nachfrage nach Elfenbein. Eine immer größere Zahl von Menschen in China kann sich das Statussymbol Elfenbein leisten: Essstäbchen aus Elfenbein, Schmuck aus Elfenbein, Klaviertasten aus Elfenbein, geschnitzte Dritte Zähne für Hunderttausende von US-Dollar. Der Profit der Händler ist riesig: In Afrika kostet das Kilogramm Elfenbein zwischen hundertfünfzig und sechshundert US-Dollar, in Asien zwischen zweitausend und zehntausend. Mehr als das Zehnfache.

Wir rollen im offenen Jeep durch einsame Graslandschaften. Auf unserer Ausfahrt begegnen wir keinen Wilderern. Doch Wilderei ist keinesfalls das einzige Problem. Wir halten in der Ortschaft Koum am Südrand des Parks. Viele Familien hier sind so arm, dass die Kinder am Straßenrand um leere Plastikflaschen betteln. »Bleu Tangui«, rufen sie, in der Hoffnung, von den Besuchern, die hier nur alle Jubeljahre vorbeikommen, eine der blauen Flaschen der Marke Tangui zu ergattern. Die Ernte reicht den Einheimischen kaum zum Leben, denn der Norden Kameruns ist dicht besiedelt. Es gibt wenig Farmland. Ein wirkliches Problem haben die Bauern, wenn Elefanten auch noch ihre Ernte zerstören. »Von der Regierung bekommen wir keine Kompensation, obwohl das Gesetz sie eigentlich vorsieht«, sagt Mahan, ein Bewohner von Koum. »Die Leute in den umliegenden Dörfern glauben deshalb, die Wilderer hat Gott geschickt.« Und dann sei da ja auch noch das Fleisch, das die Jäger übrig lassen. »Wenn wir sie ungestört passieren lassen, dann teilen sie uns mit, wo sie die Elefanten getötet haben. Sie nehmen das Elfenbein, wir das Fleisch.« Buschfleisch ist für viele Kameruner auf dem Land die wichtigste Proteinquelle. Und eine Delikatesse obendrein. Auch er habe im März 2012 davon gegessen, gibt Bauer Mahan unumwunden zu. »Was bleibt mir anderes, außerdem waren die Tiere ja schon tot.«

Es wird Abend. Das Lagerfeuer knistert. Die Kegel der Petroleumlampen erhellen das Rund. Es ist heiß wie im Treibhaus, doch mit jedem Moment, den die Nacht voranschreitet, verdrängt sie die schwüle Hitze des Tages. Wir sitzen am Hochufer auf der Terrasse der Bouba-Ndjida Safari Lodge, legen Avocadoscheiben und Sardinen auf feuchte Weißbrotscheiben und trinken warmes Bier der Marke »33«. In der Trockenzeit zwischen November und Mai waren die Betten der Lodge früher mit weißem Leinen bezogen, die Gäste sonnten sich auf den Korbstühlen, der Gin Tonic, den die Bediensteten servierten, machte ihr Glück vollkommen. Seit 2006 besaß der französische Pächter Paul Bour eine Konzession für das Gebiet. Mit ihren sechzehn Betten in Rundhütten aus Stein bot die Lodge in Traumlage guten Safari-Komfort.

Doch seit einiger Zeit sind ihre Tore geschlossen, denn der Norden Kameruns ist aufgrund des

Terrors durch Boko Haram im Nachbarland Nigeria und den Konflikt in der Zentralafrikanischen Republik nur noch schwer zu verkaufen. Zwar hat sich die Lage in den vergangenen Monaten wieder etwas entspannt, doch noch ist ungewiss, ob und wann die Lodge wieder aufmacht. Auch eine Hamburger Investorengruppe wollte im Park investieren. Das Ibbenbührener Architekturbüro AGN Leusmann sollte die Planung einer zweiten Lodge übernehmen. Aber das Engagement schwand mit dem Terror durch Boko Haram. »Dem Park würde mehr Tourismus gut tun«, sagt Naturschützer Nchembi Tarla. »Doch hier in Afrika weiß man nie, was passiert.«

Als wir an unserem letzten Morgen am Ufer des Lidi-Flusses stehen, regnet es. Münzgroße Tropfen fallen aus den Wolken. Im Flusslauf stoßen wir auf Elefantendung. Er dampft noch. »Sie müssen vor wenigen Minuten hier vorbeigekommen sein«, sagt Ranger Adamou. »Vor fünf Minuten vielleicht. Länger als eine Viertelstunde ist es nicht her.« Mit seinem Fernglas durchfurcht der Wildhüter den lichten Laubwald nach den grauen Riesen. Doch an diesem Tag sind die Tiere scheu. Vielleicht haben sie das Knattern des Wagens gehört, vielleicht haben sie es mit der Angst zu tun bekommen, als sie unsere Stimmen hörten, und sich ins Unterholz geschlagen. Wer mag es den Tieren verübeln, wenn sie, selbst zwanzig Mal so groß wie diese, vor Menschen Angst haben, die aus dem Hinterhalt mit Gewehrkugeln auf sie schießen? »Elefanten haben ein hervorragendes Gedächtnis. Sie merken sich Dinge sehr lange«, sagt Adamou, als wir die Piste in Richtung Norden aus dem Park hoppeln. »Manchmal bleibt diese Erinnerung ein Leben lang.«

Fabian von Poser

König ohne Krone

Der Fußballer Roger Milla wurde durch seine Tore bei der Fußball-Weltmeisterschaft 1990 berühmt. Im Leben nach seiner Karriere hatte er nicht immer so viel Glück

Die Kaschemmen in den Straßen von Jaunde waren bis auf den letzten Platz gefüllt. Das Bier floss in Strömen. Billiges Beaufort Lager, Mützig und Castle. Der Himmel über dem Boulevard du 20 Mai war bedeckt, wie so oft in Kameruns Hauptstadt. Die Luft war schwül. Neunundzwanzig Grad im Schatten. Kurzum: Es brodelte in den Straßen von Jaunde. Doch es herrschte kein Dauerstau aus gelben Taxis mit zerborstenen Scheiben, aus knallbunten Stadtbussen, klapprigen Kleinlastern und qualmenden Mopeds, wie es sonst um diese Tageszeit üblich ist. Am Straßenrand sortierten keine bunt gekleideten Frauen die Auslagen ihrer Stände. Keine fliegenden Händler verkauften Ananasschnitze, Mangostreifen und geröstete Bananen. Keine peitschenden Bässe dröhnten aus den Lautsprechern der Geschäfte. Doch die Straßen waren nicht stumm. Im Gegenteil: Die Menschen tranken, tanzten, rauchten, viele von ihnen in grün-rot-gelben Trikots der »Indomitable Lions«. Und sie scharten sich beinahe ausnahmslos um jeden zugänglichen Fernseher.

Dann kam der Augenblick des Glücks. Als am 23. Juni 1990 um 18.12 Uhr kamerunischer Zeit, um

19.12 Uhr im Stadion San Paolo von Neapel, die Nummer 9 der Unzähmbaren Löwen nach einem verpatzten Dribbling von Kolumbiens Keeper René Higuita fünfundzwanzig Meter vor dem Tor den Ball stahl und zum vorentscheidenden Zwei-zu-Null ins kolumbianische Tor einnetzte, gab es kein Halten mehr. Zwar gelang Kolumbien noch der Anschlusstreffer, doch als der italienische Schiedsrichter Tullio Lanese das Spiel nach genau hundertzwanzig Minuten vor fünfzigtausendzweihundertsechs Zuschauern abpfiff, war den Löwen als erster afrikanischer Mannschaft in der Geschichte des Weltfußballs der Einzug in das Viertelfinale einer Fußball-WM gelungen. Die Welt freute sich mit ihnen, den Kamerunern mit ihren papageibunten Trikots.

In Neapel lagen sich nach dem Schlusspfiff dreiundzwanzig Spieler und der gesamte Trainerstab in den Armen. Einige Hundert Fans jubelten auf den Rängen. In Jaunde stand eine ganze Stadt Kopf. Von den mehr als eine Million Einwohnern gab es wohl kaum einen, der nicht vor dem Fernseher saß. Einige hatten Trommeln dabei. Sie trommelten nach dem Abpfiff spontane Freudenbekundungen. Die Straßen bebten unter dem Hupkonzert, das jetzt stattfand. Es floss noch mehr Bier. Viel mehr Bier. Als der Tag wenig später in die Nacht überging, wehte der Qualm der Straßengrills durch die Stadt, sie sahen fast aus wie bengalische Feuer. Der Geruch von glühender Holzkohle und gegrillten Hähnchen waberte über die Avenue Marchand, den Rond Point de la Poste und den Boulevard du

20 Mai. Viele schwenkten die kamerunische Flagge in den Nationalfarben Grün, Rot und Gelb. Darauf die drei Worte: Friede, Arbeit, Vaterland. Es war der Höhepunkt eines Abends, wie ihn der afrikanische Fußball noch nie erlebt hatte. Der Boulevard du 20 Mai, die Copacabana Afrikas.

Der Mann, der das alles ausgelöst hatte, heißt Roger Milla. Ein Held des afrikanischen Fußballs, ein Unsterblicher. Der »Player of the Century«, zu dem ihn das britische Magazin *African Soccer* später kürte, der meistgefeierte Spieler des afrikanischen Fußballs. Mit seinen zwei Toren machte der damals bereits Achtunddreißigjährige nicht nur den bis dato größten Erfolg einer afrikanischen Fußballmannschaft bei einem Weltmeisterschaftsturnier perfekt. Es war viel mehr als das: Der kamerunischen Mannschaft gelang es erstmals, Spielkunst mit Effizienz zu verbinden und dem afrikanischen Fußball auf der Weltbühne die lang ersehnte Anerkennung zu verschaffen.

Albert Roger Mooh Miller wurde am 20. Mai 1952 in Jaunde geboren. Durch einen Fehler des Standesbeamten steht heute »Milla« in seinem Pass. Das ist die eine Version. Die andere lautet: Milla wollte, dass sein Name afrikanischer klingt, deshalb ließ er ihn beim Standesamt später umschreiben. Wo auch immer die Wahrheit liegt: Milla wurde früh Profifußballer und ging schon im Alter von fünfundzwanzig nach Europa. Was dann kam, war eine eher durchschnittliche Fußballerkarriere. Millas größte Erfolge neben den beiden Afrika-Cup-Siegen 1984 und 1986 waren 1986 der Aufstieg von der zweiten französischen Spielklasse in die erste mit dem AS Saint Étienne. Ein Jahr später gelang ihm dasselbe mit dem SC Montpellier Paillade. Ansonsten blieb Millas Karriere in Europa blass. Mit keinem seiner Vereine gewann er je einen großen Titel. Immerhin schoss Milla vierhundertfünf Tore in sechshundertsechsundsechzig Ligaspielen. Doch das alleine machte ihn nicht zu dem, was er heute ist.

Nichts wäre Milla ohne die Weltmeisterschaft 1990, nichts ohne den Viertelfinaleinzug der Unzähmbaren Löwen, nichts ohne seine vier Tore, die er bei der WM in Italien erzielte. Dabei war der ehemalige Kapitän der kamerunischen Nationalmannschaft erst nach der Intervention von Staatspräsident Paul Biya nachträglich nominiert worden, denn Milla hatte sich bereits auf der Insel La Réunion zur Ruhe gesetzt. Kameruns Auftritt war dank Millas vier Toren so stark, dass der Weltfußballverband FIFA nach dem Ausscheiden der Löwen im Viertelfinale gegen England beschloss, in Zukunft drei afrikanische Mannschaften an den Endrundenturnieren teilnehmen zu lassen. 1990 wurde Milla – mittlerweile vereinslos – zum zweiten Mal nach 1976 zu Afrikas Fußballer des Jahres gewählt. 2004 setzte ihn die FIFA als einen von nur fünf afrikanischen Spielern auf die zu ihrem hundertsten Geburtstag veröffentlichte Liste mit den hundertfünfundzwanzig besten noch lebenden Spielern, gemeinsam mit Fußballlegenden wie Franz Beckenbauer, Pelé, Eusébio und Diego Maradona.

Milla galt als feiner Techniker, als ausgebuffter Torschütze. Bei den Fans berühmt wurde er aber nicht nur durch seine Tore, sondern vor allem durch den *Makossa*-Tanz an der Eckfahne, den er auch nach dem historischen Zwei-zu-Eins gegen Kolumbien aufführte. Weil der Kameruner 1994 bei der WM in den USA noch einmal zum Einsatz gekommen war – Milla war damals zweiundvierzig –, führte er lange Zeit die Liste der ältesten je bei einer WM eingesetzten Spieler an – bis zum Fünf-Minuten-Auftritt des Kolumbianers Faryd Mondragón bei der WM in Brasilien 2014 im Spiel seiner Mannschaft gegen Japan. Noch heute ist Milla aufgrund seines Treffers bei der Eins-zu-sechs-Niederlage Kameruns gegen Russland 1994 in den USA der älteste WM-Torschütze aller Zeiten.

Ohne Milla wüssten viele nicht, wo Kamerun liegt. Jeder kennt ihn hier. Auf der Straße klatschen die Leute in die Hände, wenn sie ihn sehen. Jeder will ein Foto mit ihm, einen Handschlag vielleicht, ein kurzes Lächeln. Als wir ihn in seinem Haus in Jaunde besuchen, trägt Milla ein roséfarbenes Hemd, Ledersandalen und eine rahmenlose Brille. Millas Lächeln wirkt immer noch so kindlich wie früher, die Stimme hat ein leicht heiseres Timbre. Ohne zu zögern drückt er mir seine Visitenkarte in die Hand. Darauf steht: »Roger Milla. Presidency of the Republic of Cameroon. Roving Ambassador. Grand Officier Legion d'Honneur.« Kameruns Präsident Biya verlieh ihm 2000 den Titel. Seitdem hat Milla so etwas wie einen Ministerposten inne. Seine Aufgabe: Der Vierundsechzigjährige vertritt den kamerunischen Fußballverband im Ausland, zum Beispiel bei wichtigen Anlässen des Weltfußballverbands FIFA.

Milla genießt Ruhm und Ehre. Doch er ist ein König ohne Krone. Seine Visitenkarte zeigt die kamerunischen Landesfarben Grün für Frieden, Rot für Arbeit und Gelb für Vaterland. Dazwischen die Waage der Gerechtigkeit. Aber Gerechtigkeit hat es für Milla nicht immer gegeben. Er hat für viele Fotos gelächelt. Dutzende, Hunderte, vielleicht Tausende. Alle wollten etwas von seinem Ruhm abhaben. Einige auch von seinem Geld. Heute fühlt sich Milla ausgenutzt, weil viele seinen Namen für ihren eigenen Profit benutzt haben, und er nur zu selten etwas dafür bekommen hat. Früher hat er vieles mitgemacht, weil er dachte, es würde ihm eines Tages zugute kommen. Heute weiß er, dass er von seiner Karriere wenig gehabt hat. Viele seiner ehemaligen Berater könnte er verfluchen. Auch einige Funktionäre des kamerunischen Fußballverbands.

Milla war arm wie eine Kirchenmaus, bis ihm der Staat eine Villa in Jaundes vornehmem Viertel St. Pasteur zur Verfügung stellte und die Kosten dafür übernahm. Seine Freundschaft zu Präsident Biya beschert ihm an seinem Lebensabend wenigstens bescheidenen Luxus. Heute hat Milla zwei Bodyguards und bekommt ein Gehalt von tausend Euro im Monat. Das reicht zum Leben. Viel ist es aber nicht, vor allem nicht, wenn man es mit anderen vergleicht. Warum er nie reich wurde, weiß der Vierundsechzigjährige nur zu genau. »Heute bekommen die Spieler das Geld zu viel, das wir damals zu wenig bekamen«, sagt der Ex-Profi und schüttelt den Kopf.

Milla zog aus seinen Fehlern Schlüsse. Es wird kolportiert, dass er bei einem Freundschaftsspiel im Londoner Wembley-Stadion nicht auflief, weil der britische Fußballverband nicht bereit war, ihm eine Extra-Gage zu zahlen. Weil seine Forderungen so absurd waren, bekam er nach dem Karriereende auch bei seinem Ex-Club Montpellier, für den er drei Jahre gespielt hatte, keine Anstellung mehr. Der FC Schalke 04 schlug Mitte der neunziger Jahre ein Engagement Millas ebenfalls wegen seiner horrenden Gehaltsvorstellungen aus. Stattdessen kickte der zweifache afrikanische Fußballer des Jahres noch einige Jahre für Kameruns Spitzenklub Tonnerre in Jaunde, bei Pelita Jaya FC in Bandung auf Java und beim Putra Samarinda auf der indonesischen Ferieninsel Bali. Seit geraumer Zeit verlangt Milla auch für Interviews Geld. Mich kostet die Stunde mit ihm hundertfünfzig Euro.

Ist er frustriert? »Ich bedauere nichts«, sagt der Kameruner. »Ich werde bei allen großen Fußballevents auf der Welt eingeladen. Wer kann das schon von sich behaupten?« In der Tat: 2005 war Milla auf der Feier zu Franz Beckenbauers sechzigstem Geburtstag im exklusiven Hotel »La Mamounia« in Marrakesch. Er und Beckenbauer seien Freunde, sagt er. Man sitze gemeinsam in verschiedenen FIFA-Gremien. Wie lange Beckenbauer nach dem Korruptionsskandal beim »Sommermärchen 2006« noch in FIFA-Gremien sitzt, ist ungewiss. Milla aber wird wohl noch eine Zeit lang den kamerunischen Fußballverband vertreten, vielleicht sogar auf Lebenszeit.

Aus Millas Gesicht grinst immer noch die Zahnlücke von einst. Es scheint, als wäre sie ein bisschen breiter geworden, die Haut ein bisschen älter. Das Hemd spannt etwas. Milla trinkt keinen Alkohol, er raucht nicht. Statt Fußball zu spielen geht er Rad fahren, um in Form zu bleiben. Doch trotz seiner guten Gesundheit: Privat hatte Milla nicht immer Glück. Seine erste Ehefrau Marie Evelyne starb 2004 nach einem Verkehrsunfall. Milla hatte sie 1984 geheiratet und zwei Kinder mit ihr. Später heiratete er erneut. Astrid Stéphanie Ondobo gebar ihm vier Kinder, doch auch von ihr lebt er heute getrennt. Sie lebt in Montpellier in Frankreich, er in Jaunde. Milla, ein Fall wie Diego Maradona, dessen Leben nach dem Fußball aus den Fugen geriet? Ein Mensch den heute mehr Menschen belächeln als bewundern? Vielleicht.

Jedenfalls fiel es Milla in einigen Momenten im Leben schwer, zwischen Freund und Feind zu unterscheiden. Der Ex-Profi hat sich immer eingemischt. Zum Beispiel in die Karriere von Samuel Eto'o, einem weiteren Weltklasse-Fußballer aus dem Herzen Afrikas. Milla half dabei, Eto'o groß zu machen. Als Eto'o acht Jahre alt war, schenkte Milla ihm seine ersten Fußballschuhe. »Durch mich wurde Eto'o überhaupt erst bekannt«, sagt Milla heute. Unbestritten ist: Jahrelang war Eto'o trotz aller Exzesse einer der größten Fußballer Afrikas. In hundertfünfzehn Länderspielen schoss er fünfundfünfzig Tore. Eto'o wurde 2000 mit Kamerun Olympiasieger und gewann 2000 und 2002 den Afrika-Cup. Viermal wurde er zu »Afrikas Fußballer des Jahres« gewählt.

Er hielt sich für den besten und unentbehrlichsten Fußballer der Welt und tat dies auch kund. Millas Sache war das nicht.

Der Eklat kam 2010 vor der Fußball-WM in Südafrika. Eto'o hatte den Zenit seiner Karriere längst überschritten. »Er hat für seine Klubs schon viel geleistet«, sagte Milla damals, »nur bei einer WM hat er nie seine Leistung gebracht.« Natürlich war Eto'o verärgert. Und er schlug sofort zurück: Er habe es gar nicht mehr nötig, für die Unzähmbaren Löwen zu spielen und könne genauso gut auf die WM verzichten. Es war eine unschöne Auseinandersetzung. Am Ende nahm Milla von Eto'o ein Auto als Entschuldigung an, denn in Kamerun ist es üblich, Geschenke, die der Wiedergutmachung dienen, nicht abzuweisen. Vor Millas Haus steht seitdem ein Porsche Cayenne. Etwas übertrieben wirkt er angesichts der perfekt geteerten Straßen im Viertel St. Pasteur. »Aber unser Konflikt ist beigelegt«, sagt Milla.

Milla geriet auch mit dem kamerunischen Verband in Konflikt. Immer wieder monierte er, dass der Verband besser einen einheimischen Trainer für das Nationalteam engagieren solle. Als der Deutsche Volker Finke, seinerzeit Nationaltrainer Kameruns, bei der Fußball-WM 2014 in Brasilien nach zwei blamablen Niederlagen gegen Mexiko und Kroatien vor dem dritten Gruppenspiel gegen Gastgeber Brasilien vor dem Aus stand, kommentierte Milla: Der Trainer habe keine Strategie, er gebe der Mannschaft kein Gesicht. Kurzum: Milla trug unmittelbar dazu bei, dass Finke tags darauf geschasst wurde. Einige im Land unterstellten ihm Eigeninteresse. Denn schenkt man der kamerunischen Presse Glauben, hat Milla den Posten des Nationaltrainers seit Jahren für sich selbst im Visier.

Milla sind zweifellos Fehler unterlaufen. Doch er tut auch viel Gutes. Quasi fließend wechselt er zwischen seinem Job als Fußballbotschafter und seinem Ehrenamt bei der Cœur-d'Afrique-Stiftung, die er 2005 ins Leben rief, um in Not geratenen Kindern zu helfen. Dennoch weiß man nicht, ob Milla ein sympathischer Mensch ist. Viele haben ihn ausgenutzt. Das verändert den Charakter. Das Lachen fällt ihm nicht mehr so leicht wie bei seinen Toren 1990. Milla ist nicht mehr nur der Brudertyp, der Sympathieträger, den man aus dem Fernsehen kennt. Der Mensch, der an der Eckfahne beinahe ein halbes Dutzend Mal mit schwingenden Hüften den *Makossa*-Tanz aufgeführt hat. Der Tanz sei damals ganz spontan gewesen und nicht geplant, erzählt Milla heute. Ein bisschen Planung hätte seinem Leben sicher gut getan. Doch man kann seine Gespaltenheit nachvollziehen. Denn die meisten wollen nur ein schnelles Foto. Haben sie es im Kasten, sind sie rasch wieder weg.

Fabian von Poser

Zug durch den Regenwald

In alten französischen Waggons von Jaunde durch den immergrünen Regenwald nach Ngaoundéré im muslimischen Norden

Was, frage ich mich, als ich mich an einem Abend im Mai in der völlig überfüllten Gare Voyageurs von Jaunde durch eine Menge kreischender Kinder, keifender Mamis und trunkener Habenichtse dränge, was macht Zugfahren eigentlich so behaglich? Ist es die kontemplative Stille, die den Wagen eigen ist? Ist es das meditative Tempo, mit dem man sich vorwärtsbewegt? Oder hat es damit zu tun, dass man im Gegensatz zum Auto und zum Flugzeug nicht auf irgendeinem Sitz festgeschnallt ist, sondern sich frei bewegen kann? Wer mit dem Zug von Kameruns Hauptstadt Jaunde nach Ngaoundéré fährt, der muss sich diese Frage doppelt und dreifach stellen. Denn der Zug ist weder komfortabel noch ein Hort der Stille. Und sehen tut man auch kaum etwas, denn die altersmüden Waggons starten im letzten Tageslicht und kommen im ersten an. Die meiste Zeit an Bord ist es Nacht. Trotzdem bleibe ich dabei: Zugfahren ist die mit Abstand schönste Art der Fortbewegung.

Es ruckelt und zuckelt, quietscht und knarzt, als die vierzig Jahre alte General-Motors-Lok die Wagen aus Jaunde herauszieht. Eben noch hatten sich Hunderte Menschen vor den Abteilen der kirschroten französischen Waggons auf dem Bahnsteig gedrängt. Schaffner, Taxifahrer, Kofferträger, juchzende Kinder, schimpfende Frauen, wenig aufdringliche Verkäuferinnen und aufdringliche Verkäufer. Und jetzt ziehen draußen die Ausläufer von Kameruns Hauptstadt vorbei. Beim Blick nach hinten schrumpfen die grauen Betongerippe auf Daumennagelgröße. Vor dem Fenster wabern im Nebel tropisch bewachsene Inseln. Es duftet nach Wald, Erde, Feuer. Blauer Rauch steigt aus den Schornsteinen der Hütten. Abendessenszeit in Kamerun.

Die Fahrt von der vibrierenden Eineinhalb-Millionen-Metropole Jaunde in den Norden ist eine Reise, die kaum unterschiedlichere Landstriche miteinander verbinden könnte: den tropischen, immergrünen Süden mit den wüstenähnlichen Landschaften im Dunstkreis der Sahara. Nur zwei Züge bedienen die siebzehn Stationen zwischen Jaunde und Ngaoundéré regelmäßig: Der eine startet abends um neunzehn Uhr in Jaunde in Richtung Norden, der andere um dieselbe Zeit in Ngaoundéré in Richtung Süden. Etwa auf der Hälfte der Strecke, in einem Kaff namens Bélabo, passieren sich die Züge. Geht alles gut, kommen beide morgens um neun am jeweiligen Zielort an. Vierzehn Stunden benötigen sie für die sechshunderteinundzwanzig Kilometer. Manchmal auch sechzehn, achtzehn oder zwanzig.

Auf dem Gang in einem der Erste-Klasse-Waggons steht Jean Baptiste Mboussi. Das hellblaue Hemd spannt etwas, die dicke Brille wird von einem schwarzen Band auf dem kahl rasierten Schädel gehalten. Unter seinem Arm klemmt eine speckige Ledertasche. »Willkommen an Bord. Fühlen Sie sich wie zu Hause«, sagt der Zugführer. »Dies ist der komfortabelste Weg nach Norden.« Und es gibt keinen Grund, an seinen Worten zu zweifeln. Denn für kamerunische Maßstäbe ist der Zug purer Luxus: An Bord gibt es fließend Wasser, warmes Essen, quietschende Kojen und sogar Decken für die Nacht. Aus dem Dickicht seiner Unterlagen zieht Mboussi dann die Passagierliste. Nachdem er von jedem Passagier den Kontrollabschnitt des Tickets eingesammelt hat, setzt er penibel bei jedem Namen ein Häkchen. Alles muss seine Ordnung haben.

Bereits wenige Kilometer hinter Jaunde wird es einsam. Die Waggons schaukeln jetzt so nah an den Urwaldriesen vorbei, dass man nach den Ästen greifen kann. In einem Ort namens Nkometou hält der Zug zum ersten Mal. Im letzten Tageslicht drängen sich Dutzende Frauen vor den Fenstern. Auf ihren Köpfen balancieren sie kreisrunde Tabletts und Eimer voller tropischer Früchte, gebratener Maiskolben, gezuckerter Nüsse, Rasierklingen, Häkeldecken und Teppichklopfern. Vor dem Zug entsteht im Handumdrehen ein Markt. Einige der Verkäuferinnen drängen in die Abteile der zweiten Klasse. Mboussi wartet, bis alle ihr Geschäft gemacht haben. Erst dann gibt er das Zeichen zum Aufbruch, und der Zug ruckelt weiter. Die Letzten der fliegenden Händlerinnen springen erst vom anrollenden Zug ab.

Die Waggons mögen französisch sein. Die ersten Pläne zum Bau der Eisenbahn in Kamerun machten die Deutschen. Die Arbeiten begannen 1908. Das Projekt der »Deutschen Kolonial-Eisenbahn Bau- und Betriebsgesellschaft« war zweigeteilt: Die »Mittellandbahn« sollte die Hafenstadt Duala mit Deutsch-Ostafrika verbinden, die »Nordbahn« Duala und Jaunde mit dem Tschad. Der erste Abschnitt zwischen Duala und Edéa wurde 1912 eröffnet, die Strecke von Edéa nach Bidjoka ging Ende 1913 in Betrieb, ein weiteres Teilstück bis Éséka kurz vor Ausbruch des Ersten Weltkriegs 1914. Doch Jaunde, das Verwaltungszentrum ihrer Kolonie, erreichten die Deutschen nie auf Schienen. Denn der überwiegende Teil Kameruns als Mandatsgebiet fiel nach dem Ende des Ersten Weltkriegs an Frankreich. Der Bau der Bahn wurde aber von den Franzosen weitergeführt. Jaunde erreichten die »Chemins de fer de Cameroun« (CFC) im Jahr 1927. Die sechshunderteinundzwanzig Kilometer lange Strecke von Jaunde nach Ngaoundéré ging gar erst 1974 in Betrieb.

Der Zug hält in Batchenga sechzig Kilometer vor den Toren Jaundes. Draußen hat sich die Nacht über den Regenwald gelegt. Die Sonne hat nur noch einen blauen Schleier am Himmel hinterlassen. Im Zug gehen die Neonlampen an. Mücken und handflächengroße Falter flattern jetzt in die offenen Fenster. Gegen acht Uhr gibt es Abendessen, Reis mit Hühnchen. Die Stimmung im Speisewagen ist auf dem Höhepunkt. Der Fernseher flimmert. Die Lautsprecher sind bis zum Bersten aufgedreht.

Selbst das bewaffnete Personal an Bord steht jetzt an der Bar – und trinkt Cola. Denn der Erwerb von Bier ist an Bord ein echtes Problem. »Es gibt nichts Alkoholisches«, sagt Mboussi. »An Bord arbeiten nur Muslime. Wer will schon Ärger mit Allah.«

Mboussi ist eine sympathische Erscheinung. Er lacht, wenn er spricht. Eigentlich lacht er immer. Außer auf Fotos, denn die mag er nicht. Jetzt schlürft er einen namenlosen Energydrink. Der Zugführer ist siebenundfünfzig und kommt aus Ngaoundéré. Seit 1977 arbeitet der Vater von vier Kindern im Zug, erzählt er, nachdem die Lok wieder angerollt ist. Seit beinahe vierzig Jahren. Mboussi spricht Französisch und ein wenig Englisch. Die Strecke fahre er zweimal die Woche, sagt der Schaffner. Warum nur zweimal?, frage ich ihn. »Ich starte abends in Ngaoundéré und komme morgens in Jaunde an.« Am nächsten Abend zuckele der Zug von Jaunde nach Ngaoundéré zurück und komme erst am darauffolgenden Morgen an. »So sind drei Tage die Woche weg. Mal zwei macht sechs.«

Jahrzehntelang wurde die Bahn von der staatlichen Bahngesellschaft REGIFERCAM betrieben. Nachdem Mitte der neunziger Jahre eine große Privatisierungswelle über Kamerun schwappte, erhielt das französische Transport- und Logistikunternehmen Groupe Bolloré 1999 für dreißig Jahre die Konzession für ihren Betrieb. Seitdem betreibt sie die Bahn unter dem Namen Cameroon Railways (Camrail). Doch ganz ohne Hilfe schafft es die Privatbahn nicht. Camrail erhält staatliche Subventionen. Das hat einen einfachen Grund. »Der Zug hat auch eine soziale Funktion, denn er verbindet ländliche Gebiete mit den großen Städten Ngaoundéré, Jaunde und Duala«, sagt Mboussi. Entwicklungshilfe auf Rädern sozusagen. Denn viele Züge gibt es nicht. Jeden Tag fahren sechs Züge: je zwei Verbindungen von Duala nach Jaunde und zurück sowie die zwei Nachtzugverbindungen zwischen Jaunde und Ngaoundéré. Bei zehntausend Zentralafrikanischen Francs, umgerechnet etwa sechzehn Euro, für einen Sitzplatz in der zweiten Klasse und achtundzwanzigtausend Zentralafrikanischen Francs, zweiundvierzig Euro, für ein Bett im Zweier-Schlafwagen in der ersten Klasse bleibt nicht viel übrig.

Der Zug ächzt und stöhnt jetzt durch die Nacht. Immer wieder halten wir auf offener Strecke. Ein solcher Halt verheißt nichts Gutes. Meist machen sich die Bediensteten dann mit ein paar trübseligen Taschenlampen und einer Handvoll Schraubenschlüsseln unter den Wagen zu schaffen. Weil es für die mehr als vierzig Jahre alten Waggons kaum noch Ersatzteile gibt, müssen die Mitarbeiter Kreativität an den Tag legen. In der Regenzeit, wenn tropische Gewitter wie eine Stahlbürste über Kamerun fegen, müssen sie die Trasse zudem regelmäßig von Ästen und Baumstämmen befreien. Blockiert ein Erdrutsch die Gleise, ist Not am Mann. Dann stehen die Arbeiter knöcheltief im Schlamm und schippen. Manchmal stundenlang.

Gegen Mitternacht blitzen die Neonlichter des Bahnhofs von Belabo durch die Scheiben. Hier mitten im Nichts treffen sich beide Züge. Die Lokomotivführer und das Sicherheitspersonal wechseln.

Nur Mboussi bleibt an Bord. Zusammen mit zwei Ordensfrauen und einem Alten mit Flaumbart, der paffend in einer Ecke sitzt, sind wir die Einzigen auf dem Bahnsteig. Gemeinsam machen wir es uns auf einer Bank gemütlich, paffen ebenfalls und dösen. Eine halbe Ewigkeit später sehe ich Mboussi die Gleise auf- und abschreiten, um wach zu bleiben. Der Siebenundfünfzigjährige versucht, die Zeit totzuschlagen. Doch so einfach macht sie es ihm nicht: Drei geschlagene Stunden dauert der Halt. Dann erst trifft der Gegenzug ein.

Während Mboussi den Papierkram erledigt, ziehe ich mich in meine vier Wände zurück. Was ich erst jetzt bemerke: Die ältere Frau, mit der ich das Abteil teile, transportiert ein überdimensionales Bild von Jesus in einem hellblauen Rahmen. Es thront wie ein Mahnmal für den rechten Glauben auf ihren Koffern. »With God all things are possible«, steht darauf. Mit Gott ist alles möglich. Ich stopfe mir zwei Kügelchen aus Toilettenpapier in die Ohren und versuche zu schlafen. Aber immer wieder werde ich durch das Ruckeln geweckt. Der Zug schwankt, als fahre er auf Gallertmasse, nicht auf Stahl. Wir halten an menschenleeren Bahnhöfen mit Namen wie Tête d'Elephant, Mengue Bibey und Zing. Durch die wehenden Vorhänge funkelt eine glitzernde Sternenwelt so klar wie Kristall.

Die Überdecken unserer Pritschen kratzen, doch eigentlich brauchen wir sie nur zum Schutz vor den Mücken, die im Abteil aus jeder Ritze zu kriechen scheinen. Aus dem Waschbecken riecht es durch das Rütteln nach Urin. Offensichtlich hat sich hier jemand gescheut, den Weg durch den Gang, auf dem selbst tief in der Nacht noch ein grelles Stimmengewirr herrscht, aufs ständig übervölkerte Klo anzutreten. Ich war es nicht. Bleibt nur eine Person: die Mutti mit dem guten Draht zu Gott. Das Gedankenkarussell dreht sich: Sie muss in meiner Abwesenheit auf die Leiter gestiegen sein, um sich ins Becken zu erleichtern. Nur ins Becken? Ich halte meine Gedanken lieber unter Verschluss, um den Kabinenfrieden zu wahren.

Nach einer langen Nacht dämmert der Morgen. Gegen halb sieben erreicht der Zug Ngaoundal. Hundertdreißig Kilometer sind es von hier noch bis Ngaoundéré. Vor den Fenstern ist schon wieder die Hölle los. Kinder verkaufen Mangos, Papayas, Bananen und in Bananenblätter gehüllte Fleischspieße. Die Menschen hier oben leben von der Landwirtschaft. Viele verkaufen ihre Produkte direkt am Bahnhof. »Der Zug ist sehr wichtig, denn er bringt uns die Kunden direkt vor die Haustür«, bringt mir Amina bei, eine junge Frau Mitte zwanzig, die ich auf dem Bahnsteig treffe. »Leider fährt er nur zweimal am Tag. Einmal in die eine, einmal in die andere Richtung. Sonst könnten wir viel mehr verkaufen.« Langsam beginne ich zu verstehen, warum diese Bahn für viele Menschen an der Strecke so wichtig ist.

Wer von Jaunde in den Norden reist, der betritt eine andere Welt. Kamerun, sagen sie, sei ganz Afrika in einem Land. Der Kontinent im Taschenformat sozusagen. Möglicherweise zu Recht, denn die Landschaft gibt sich völlig verändert. Der Regenwald hat sich über Nacht gelichtet. Am Fenster ziehen pastellfarbene Landschaften und Dörfer in der Farbe der trockenen Erde vorbei. Auch kulturell liegen zwischen dem mehrheitlich christlichen Süden und dem muslimischen Norden Welten. In Jaunde tragen die Mädchen hautenge Hotpants oder sind eingezwängt in ausgefranste Jeans. Im Norden hüllen sich die Frauen in weite Kleider aus bunten Stoffen. Die meisten tragen Schleier. Die Männer schweben in *boubous*, einfarbigen Gewändern, wie schwerelos durch die Straßen.

Seit 1831 bauten die islamischen Fulbe Ngaoundéré zu ihrer wichtigsten Bastion in Kamerun aus. Seit 1835 ist die Stadt Sitz des *Lamido*, eines Stammesfürsten im Stile eines Emirs. Über dem seit Generationen von *Lamido* zu *Lamido* vererbten Palast erheben sich die Minarette der Großen Moschee. Doch allzu streng ist man hier nicht mit der Religionsauslegung. In Ngaoundéré gibt es sogar einen Bischof, denn die religiöse Toleranz in Kamerun ist groß. Sie fußt auf dem weit verbreiteten Synkretismus, also der Verschmelzung der Religionen. Viele Kameruner sind Animisten, glauben also daran, dass Gott alle Dinge auf der Erde durchdringt: die Erde, das Wasser, das Feuer. Gleichzeitig sind sie Christen und Muslime. Häufig werden islamische und christliche Traditionen sogar vermengt. In einigen Dörfern des Nordens wird mit Rosenkränzen gebetet, die Gebetsausrichtung aber erfolgt nach Mekka.

Trotz aller Toleranz präsentierte sich der Norden Kameruns in letzter Zeit nicht gerade im besten Licht. Denn seit 2009 ist vor allem das Grenzgebiet zu Nigeria verstärkt in den Fokus der islamistischen Terrorgruppe Boko Haram aus dem Nachbarland gerückt, wo die Terroristen seit 2009 mehr als siebzehntausend Menschen getötet haben. In Kamerun wurden seit 2013 ebenfalls etwa tausendzweihundert Menschen bei Anschlägen getötet. Die Regierung in Jaunde hat daraufhin zahlreiche alte Grenzposten verstärkt und neue errichtet. Offensichtlich mit Erfolg. Seit 2014 ist die Zahl der Anschläge deutlich zurückgegangen. Das alles darf ohnehin nicht darüber hinwegtäuschen: In Kamerun kommen die Religionen seit Jahrhunderten relativ friedlich miteinander aus. Der Konflikt mit Boko Haram ist kein kamerunischer, sondern wurde von außen in das Land getragen.

Wie ein Perpetuum mobile hüpfen die alten Waggons auf den Gleisen hin und her. Als die Sonne immer höher am Himmel steigt, hält der Zug in Bawa. Vierzehneinhalb Stunden sind wir unterwegs. Bis Ngaoundéré ist es jetzt nicht mehr weit. Noch fünfunddreißig Kilometer. Langsam gewöhnen sich die Augen an die weiten braunen Landschaften ohne Grün. Ein Buchverkäufer klettert an Bord, eine burleske Person von asketischem Aussehen. Der Mann stolpert mit seinem Bauchladen mehr durch den Wagen als dass er läuft. Im Sortiment: Kinderbücher, Straßenkarten, Weltkarten, das Strafgesetzbuch. Eine bizarre Kollektion. Am Nachbartisch verkauft der Mann tatsächlich das dickste seiner Bücher: das Strafgesetzbuch. An einen Studenten. Dann rückt das Frühstück an: Rührei, Nescafé und Croissants.

Gegen elf Uhr nähert sich der Zug Ngaoundéré. Ich vertreibe mir die Zeit damit, das Hütten-Potpourri in den Vororten der Provinzhauptstadt zu studieren. Frauen mit Wasserbehältern auf dem Kopf, Kinder ohne Unterhosen, Straßen ohne Strom. Was für ein Leben ohne all das, was wir kennen. Noch einmal sehe ich Mboussi. Gut gelaunt wie ein Vogel zwitschert er sich durch die Abteile. »On arrive.« Wir sind gleich da. Nach beinahe drei Tagen freut er sich auf zu Hause. Heute hat der Zug nur zwei Stunden Verspätung. Eine vorzügliche Leistung. Auf dem Bahnsteig verabschiedet der Zugführer jeden seiner Fahrgäste mit würdevollen Worten persönlich. Dann entschwindet er durch das Menschengewirr ins goldene Reich der eigenen vier Wände. Leider nicht für lange, denn in sechsunddreißig Stunden beginnt die nächste Schicht.

Fabian von Poser

Sechstausend Höhenmeter in sechsunddreißig Stunden

Wer den Mount Cameroon, den höchsten Berg Westafrikas, in nur eineinhalb Tagen besteigt, der muss entweder sehr sportlich oder verrückt sein

Der Mond lauert hinter einer Wolke, die Sichel schaukelt konturlos im Sternenmeer. Es hat die ganze Nacht geregnet. Doch jetzt um halb sechs Uhr morgens liegt der Berg klar wie Glas da. Von hier unten wirkt der Mount Cameroon beinahe wie ein Hügel. Die tatsächliche Höhe lässt sich durch nichts erahnen. Eher sieht er aus wie ein pummeliger grüner Dinosaurier. Doch der Kamerunberg, wie ihn die deutschen Kolonialherren nannten, ist höher als jeder andere Berg Westafrikas. Er erhebt sich vom Meeresspiegel bis auf viertausendfünfundneunzig Meter. Was das bedeutet, erfährt man, wenn man sich von der geschäftigen Provinzhauptstadt Buea auf den Weg zum Gipfel macht. Oder besser: Man beginnt es zu ahnen.

Im Zentrum von Buea steht ein Denkmal aus blassgrauem Zement. Es zeigt ein Abbild von Reichskanzler Otto von Bismarck: der Bismarck-Brunnen. Hier starten die meisten Touren auf den Berg. Das hat einen guten Grund, denn enorme Regenfälle machen alle anderen Seiten des Berges außer der Südostflanke die meiste Zeit des Jahres unpassierbar. Mit mehr als zehntausend Millimetern Niederschlag im Jahr zählen die dem Meer zugewandten Hänge zu den regenreichsten Orten Afrikas. »Trotz seiner Höhe ist der Mount Cameroon relativ einfach zu besteigen«, stand in meinem Reiseführer. »Keine Kletterkenntnisse nötig, nur gute Kondition.« Doch das scheint mir von Anfang an ein schlechter Witz zu sein.

Oberhalb von Buea ist die Landschaft lieblich, so als könnte dieser Berg niemandem etwas zuleide tun. Die Strände von Limbé sind nicht fern. Am Horizont sind sie als weit geschwungene Bänder zu erahnen. Überall sprießt und grünt es. Die Äcker der Bauern haben sich bis hierher, auf mehr als zwölfhundert Meter, hinaufgeschraubt, denn die vulkanischen Böden am Mount Cameroon gehören zu den fruchtbarsten des Landes: Ölpalmen, Kautschukbäume, Bananenstauden und Yamswurzeln wachsen hier, so weit das Auge reicht. Im Vorbeigehen hören wir die Quellen plätschern. An der höchsten, der Mann's Spring, machen wir Halt, um ein letztes Mal die Wasserflaschen aufzufüllen.

Ich bin unterwegs mit Samuel Njie Njome. Mehr als zweihundertmal stand der Zweiundfünfzigjährige bereits auf dem Gipfel. Seit fünfundzwanzig Jahren besteigt er den Berg. Bis zu zehnmal pro Saison. Gemeinsam mit Manga, dem Träger, spazieren wir über Almwiesen wie in der Schweiz. Nur ohne bimmelnde Kühe. Und ohne Almwirtschaften. Njome hat den »Guinness Trail« gewählt, die klassische Route, an deren Wegesrand drei einfache Hütten liegen. Ich bin kein großer Anhänger der vertikalen Fortbewegung, doch ich habe mir die Besteigung in den Kopf gesetzt und nicht viel Zeit mitgebracht, deswegen hat Njome die einfachste Route gewählt – wegen der gebotenen Eile hat er auch nur eine einzige Übernachtung eingeplant.

Das Gute am Aufstieg ist: Je mehr man schwitzt, desto höher kommt man und desto kühler wird es. Trotzdem ist das Hemd schnell durchweicht. Das ist kein Ausdruck: Es trieft. An Hütte eins, einem einfachen Bretterverschlag auf tausendachthundertfünfzig Metern Höhe, rasten wir. Njome isst Maniokmus, ich trinke ein paar Schluck und kaue an einer der Bananen, die wir auf einer der Plantagen stibitzt haben. Der Zweiundfünfzigjährige lebt in Bukunda, einem Stadtteil von Buea. Er habe zwei Kinder, beides Mädchen, sechs und acht Jahre alt, erzählt er. Seit seine Frau ihn wegen eines anderen verlassen habe, müsse er sich alleine um die Kinder kümmern. »Diese Arbeit ist eine Schinderei. Aber ohne Geld ist nichts auf dem Teller.«

Dann lassen wir das Immergrün des Bergregenwalds hinter uns und steigen in luftige Höhen. Mit einem Schlag verwandelt sich die Landschaft in Savanne. Es wird steil. Auf halbem Weg zu Hütte eins B kommt uns ein Mann entgegen. Er ist alleine. Es ist ein Träger. Am Vortag habe er bei dichtem Nebel und starkem Regen seine Gruppe verloren, erzählt er. Beinahe wäre er erfroren. Gerade noch konnte er zu Hütte zwei absteigen, wo er Kollegen traf, die ihm ein Feuer machten. »Sonst hätte ich es nicht geschafft.« Es kann gefährlich werden auf diesem Berg, dessen bin ich jetzt gewahr.

Fako, einfach »Gipfel«, oder *Mongo ma Lobo*, »Berg des Donners«, nennen die am Fuß des Berges ansässigen Bakweri den Mount Cameroon. Zu Recht, denn der Berg ist einer der ältesten noch aktiven Vulkane der Erde und das Juwel in einer ganzen Kette vulkanischer Berge. Die sogenannte Kamerunlinie ist ein geologischer Hotspot, der vor etwa hundertfünfzig Millionen Jahren entstand und sich von den Atlantik-Inseln Annobón, São Tomé und Príncipe und Bioko über den Mount Etinde, den Mount Cameroon und das westliche Hochland bis hin zum Tibesti-Gebirge im Norden des Tschad erstreckt.

Der letzte Ausbruch fand im Jahr 2000 statt. Bekannt ist die Aktivität des Berges aber schon viel länger. In einem Reisebericht des karthagischen Seefahrers Hanno taucht er um 470 vor Christus als »feuerspeiender Berg, der den Himmel in Brand setzt« auf. Über Jahrhunderte erbrachten die Bakweri auf dem Gipfel Tier- und Menschenopfer, um den Gott, der bei schlechter Laune Feuer und Erdbeben schicken konnte, gütig zu stimmen. Die erste Besteigung eines Europäers gelang dem britischen Afrikaforscher Sir Richard Francis Burton im Jahr 1861 gemeinsam mit dem deutschen Botaniker Gustav Mann. Bis heute trägt die Mann-Quelle an der Ostflanke des Berges seinen Namen.

Seit 2009 sind fünfhundertachtzig Quadratkilometer des gewaltigen Bergmassivs als Nationalpark geschützt. Mit gutem Grund, denn der Mount Cameroon ist nicht nur einer der fruchtbarsten, sondern auch einer der artenreichsten Berge der Erde. Von den Mangrovenwäldern an der Küste über die tropischen Regenwälder und die baumfreie Savanne bis zu den Lavafeldern der Gipfelregion sind unzählige seltene, teils endemische Tierarten zu Hause: Waldelefanten, Schimpansen, Drills, Antilopen, die seltene Preuss-Meerkatze, die es nur hier gibt, und zweihundert Vogelarten, darunter der endemische Kamerun-Frankolin und der Kamerun-Brillenvogel. Auch das macht den Berg zu einem einzigartigen Paradies für Wanderer.

Auf Hütte eins B auf zweitausendzweihundertfünf Metern machen wir Rast. Hier treffen wir Priscilla. Sie war vierzehn Jahre in Berlin und spricht perfekt Deutsch. Die Fünfunddreißigjährige hat sich in dem strom- und wasserlosen Verschlag eingesperrt, um zu Gott zu finden. »Vierzig Tage, vielleicht auch ein bisschen mehr«, sagt sie. Ich unterhalte mich ein paar Minuten mit ihr, dann gehen wir weiter. Der Weg führt jetzt steil bergauf. Neunhundertachtzig Höhenmeter über grasbewachsene Hänge und erstarrte Lava liegen zwischen Hütte eins B und Hütte zwei. Ein martialischer Aufstieg. Noch geht es mir prächtig. Njome hatte mir dieses Teufelszeug empfohlen: »Ice – Orange Flavoured Instant Drink«. Zu Deutsch: Orangenbrause. Und es stimmt: Der Cocktail aus Farbstoff und Zucker trägt einen förmlich auf den Berg.

Als wir ein paar Hundert Meter höher Halt machen, fehlt Manga. Wir haben ihn aus den Augen verloren. Selbst nach einer Viertelstunde taucht der Zweiundzwanzigjährige nicht auf. Unser Problem: Manga hat mein Zelt und alle drei Schlafsäcke. Wir diskutieren eine Weile, was zu tun ist. Njome bekräftigt, dass es ohne Zelt und Schlafsäcke lebensgefährlich werden kann. »Es ist weniger schlimm, hier oben ohne Essen zu sein als ohne Zelt. Ohne Essen hält man es eine Nacht aus. Ohne Zelt ist man verloren.« Dann steigt er ab, um nach dem Jungen zu sehen. Eine halbe Stunde später tauchen beide im Tal auf. Immer wieder blickt Manga nach oben. Immer wieder ermutigt Njome ihn. »Climb, Manga, climb.« Doch Manga ist »blau«, wie man in der Sportlersprache sagt. Er kann nicht mehr.

Als der junge Mann aufgeschlossen hat, gebe ich ihm meinen letzten Müsliriegel. Doch er kommt nicht mehr zu Kräften. Manga hat mit seiner Kondition zu kämpfen, Njome mit dem zwanzig Kilogramm schweren Rucksack, den er jetzt trägt. Auf zweitausendsiebenhundert Metern Höhe kommt das erste Mal das Gipfelmassiv in Sicht. Mit allerletzter Kraft schaffen wir es zu Hütte zwei, unserem Nachtlager. Drinnen ist es hell. Aber was heißt hier hell. Der Raum sieht aus wie ein demolierter Pkw nach einem Totalcrash. Der Zementsockel ist das Einzige, was noch intakt ist. Die windschiefen Wände aus Aluminium sind völlig derangiert. Diese Hütte schützt vor nichts mehr. Überall pfeift es rein.

Njome und Manga machen es sich auf ein paar Halmen Stroh bequem, um nicht direkt auf dem Zement zu schlafen. Ich ziehe mein Zelt vor. Beim Aufblasen der Luftmatratze merke ich das erste Mal die Höhe. Als ich erschöpft nach oben blicke, ringt mir der Berg Respekt ab. Dicke Wolken hüllen den Gipfel in Weiß. Ob es oben schneit? Wenig später gesellt sich Njome zu mir. »Tolles Zelt«, sagt er. Schon beim Aufstieg hatte er mir unmissverständlich klar gemacht, dass er es auf meine vier Stoffwände abgesehen hat. Doch ich will ihm mein Zelt nicht vermachen. Nicht weil es so wertvoll ist. Es hat vor fünfzehn Jahren zweihundertfünfzig Mark gekostet. Mittlerweile ist es nicht mal mehr eine Handvoll Euro wert. Aber ich hänge daran. Es hat mir schon im Sudan, in Sierra Leone und im Kongo nützliche Dienste geleistet.

Die Nacht fällt in Äquatornähe unvermittelt vom Himmel. Als wir vor den Flammen des Gaskochers sitzen, wirft Manga zwei Flaschen Wasser, zwei Büchsen Sardinen und eine Rolle Kekse zu mir herüber. Das ist eindeutig: Ich muss mein Zeug ab sofort wohl selbst den Berg hinauf schleppen. Njome kocht auf dem röhrenden Kocher Spaghetti. Es dauert eine Ewigkeit, bis die Nudeln gar sind. Im Rest des Kochwassers löst er einen Brühwürfel und etwas Trockengemüse auf. Dann mischt er zwei Dosen Sardinen darunter. Es ist eine trostlose Pampe. Doch nach zwölf Stunden am Berg schmeckt beinahe alles. Wir kauen, schweigen und blasen warmen Atem auf unsere steif gefrorenen Finger. Dann fallen wir in die Schlafsäcke.

Was mache ich hier, frage ich mich, als ich schlaflos vor Erschöpfung in den Daunen liege. Draußen schüttet es in Strömen. Eisige Geschosse aus Wasser torpedieren den Berg. Es ist kalt. Sehr kalt. Vielleicht fünf Grad. Was für ein Glück, dass ich mein Zelt habe. Dann, mitten in der Nacht, gegen vier, rüttelt es am Gestänge. Es ist Njome. Der Zweiundfünfzigjährige kocht keinen Kaffee. Es gibt auch keine Plätzchen. Ohne einen Schluck getrunken oder gegessen zu haben, starten wir wortlos in die Nacht. Nur das Knirschen der Stiefel auf dem Vulkansand ist zu hören. Das spärliche Gras ist mit einer Reifschicht bedeckt. Und, das sehen wir auch ohne Licht: Wolken rasen im Eiltempo über uns hinweg.

Von Hütte zwei auf zweitausendachthundert Metern sind es etwa achthundertfünfzig Höhenmeter oder drei Stunden bis auf Hütte drei. Auf dem Weg nach oben erzählt mir Njome die Geschichte des Berges: Der Mount Cameroon soll die Heimat des Gottes Ebassa Moto sein, halb Gott, halb Stein. Laut einer Legende der am Berg ansässigen Bakweri trennte sich die Meeresgöttin Nalowa von Ebassa Moto und zog sich zurück ins Meer. Moto schuf darauf den Berg und die wunderschönen Gärten an seinen Flanken. Er ist Beschützer des Berges und erlaubt den Menschen, den Berg zu bewirtschaften und zu besteigen, solange sie außer den Feldfrüchten nichts mitnehmen. Wenn er wütend wird, lässt er den Berg erzittern und spuckt Feuer.

Dass das vorkommt, erlebten die Menschen am Fuße des Mount Cameroon in den vergangenen hundert Jahren mehr als ein halbes Dutzend Mal, das letzte Mal kurz vor der Jahrtausendwende. Vierzehn Kilometer floss die Lava damals auf einer Breite von fünfhundert Metern in Richtung Meer, bevor sie ins Stocken geriet. Dabei zerstörte sie zahlreiche Hütten und ein Stück der Küstenstraße, was sich bis heute an der seltsamen Verkehrsführung ablesen lässt. Beim Hotel »Seme Beach«

zwischen Limbé und Idenau führt heute noch eine wackelige Holztreppe auf den Scheitel des Lavastroms. Ganze Landstriche überspülte die glühende Masse beim Ausbruch im Jahr 1999 und begrub sie unter sich.

Es sind archaische Landschaften, die einen am Mount Cameroon erwarten. Und gewaltige Temperaturunterschiede. Als es hell wird, rast die nächste Gewitterfront auf uns zu. Fast wird uns schwindelig. Von den Böen sind unsere Knie wie weich geblasen. Es ist heiß, dann kalt, dann wieder heiß, dann kalt. Das genau ist die Tücke des Berges: Ist schlechtes Wetter vom Atlantik im Anmarsch, gefriert der Schweiß auf der Haut zu Eis. Mein Baumwollpulli liegt wie eine nasse Pferdedecke auf der Haut. Ich leide Höllenqualen nur mit einer Jeans und der dünnen Windjacke in dieser infernalischen Kälte. Es schmerzt, die Lippen zu bewegen. Und es bläst, als ob die Apokalypse des Johannes sich über uns legen würde.

Die Besteigung des Mount Cameroon bei diesem Wetter ist ein physiologisches Wagnis. Doch Njome entpuppt sich als wahrer Motivator. »Wir sind bald oben«, wiederholt er ein ums andere Mal sein Mantra. Als wir Hütte drei erreichen, hat die Kälte endgültig ihre Decke über uns ausgebreitet. Ich zittere wie Espenlaub. Der Schweiß entpuppt sich bei dem Wind als lebensgefährlich. »Du musst weitergehen, sonst gibt es nur einen Weg nach unten für dich: im Sarg«, sagt Njome. Sehr charmant, das so zu auszudrücken. Aber vermutlich hat er recht. Wie in Trance stopfe ich zwei Bananen in mich hinein, um wenigstens etwas Energie zu mir zu nehmen, und raffe mich noch einmal auf.

Von Hütte drei sind es noch dreihundertfünfzig Höhenmeter bis zum Gipfel. Gräser gibt es hier oben keine mehr, um uns herum ist nur noch schwarzer Lavasand. Wir stolpern mehr bergauf, als dass wir gehen. Es wird immer kälter. Schneekristalle regnen jetzt wie Konfetti auf uns ein. Es ist eine Affenkälte, die uns umklammert. Auch Njome scheint zu frieren. Er zittert ebenfalls. Unglaublich: Aber hier oben findet das härteste Rennen der Welt statt. Beim »Mount Cameroon Race of Hope« Anfang Februar legen die Läufer achtunddreißig Kilometer und sechstausend Höhenmeter von Meereshöhe auf den Gipfel des Vulkanriesen zurück. Die besten in viereinhalb Stunden. Gut trainierte Bergsteiger benötigen dafür nicht unter zwölf.

Für die Besteigung als Tourist braucht man noch mehr Langmut. Und wer sich hier oben den Charme von Alpengipfeln verspricht, der wird enttäuscht. Der Mount Cameroon ist keine Schönheit. Sein Gipfelplateau gleicht einer Steinwüste. Leider erstarrt auch der Himmel meist in Trübsinn. Auf viertausend Metern Höhe können wir die Hände vor den eigenen Augen nicht mehr sehen. Es stürmt, als ob es kein Morgen gäbe. Als der Weg einen Bogen macht, sehe ich im Nebel ein Schild: Mount Cameroon, 4095 meters above sea level. Von hier könnte man einen traumhaften Blick haben. Nach Buea, Limbé, Duala und bis hin zur Vulkaninsel Bioko im Golf von Guinea. Könnte. Denn nur an sechzig Tagen im Jahr ist der Gipfel wolkenfrei. Die Berichte im Internet von Menschen, die Glück hatten, sind großartig. Doch wir haben kein Glück. Der Berg ist kein Wunschkonzert.

Njome macht ein Gipfelfoto. Doch mich überkommt kein Gipfelglück. Ich will hier nur noch weg. Auf dem Weg nach unten tauen die steifen Glieder mit jedem Meter etwas auf. Langsam komme ich wieder zu Sinnen. Nach zweieinhalb Stunden erreichen wir Hütte zwei. Mein Zelt steht noch, auch Manga ist noch da. Er sitzt regungslos auf seinem Gepäck. Wortlos klauben wir unsere Sachen zusammen und stopfen sie in die Rucksäcke. Als wir uns an den Abstieg machen, sagt Njome: »Ab jetzt noch sieben Stunden.« Ich falle fast in Ohnmacht. Bereits an Hütte eins kann ich keinen Schritt mehr gehen. Blitze zucken durch meine Oberschenkel, das Kreuz schmerzt wegen des fünfzehn Kilogramm schweren Rucksacks. Müdigkeit beginnt immer im Kopf, sagen erfahrene Bergsteiger. Diese ist physisch.

Der Rest ist schnell erzählt. Die sechstausend Höhenmeter fordern ihren Tribut. Breitbeinig wie John Wayne stolpern wir über die Wurzeln bergab. Alles tut weh. Auch Manga kann kaum noch einen Fuß vor den anderen setzen. Die wenigen Reiseveranstalter, die Besteigungen des Mount Cameroon anbieten, besteigen den Berg in mindestens drei Tagen. Wir haben den Mount Cameroon in eineinhalb bezwungen. Was für eine Tortur! Aber spätestens wer im Tal die bunten Dächer Bueas vor Augen hat, der fühlt sich wie zu Hause: Mit dem Bismarck-Brunnen, der deutschen Kirche und dem im wilhelminischen Stil erbauten Palast des letzten deutschen Gouverneurs Jesko von Puttkamer gleicht die Sechzigtausend-Einwohner-Stadt einem Stück Heimat.

Nach dreizehn Stunden Fußmarsch ohne Unterlass sitzen wir mit zitternden Knien zwischen Schlafmatten, Gaskochern und Kisten voller Ausrüstung in den Räumen der Agentur. Njome drückt mir eine Urkunde in die Hand. Darauf steht: »Mount Cameroon certificate (4095 meters). Buea, February 24th, 2015.« Darunter in Krakelschrift: »He did it in just two days.« Njome war nicht die Ausgeburt der Herzlichkeit. Dennoch umarme ich ihn zum Abschied. Ich bin diesem Mann zu Dank verpflichtet, weil er abgestiegen ist, um das Zelt und die Schlafsäcke zu holen. In unserer einzigen Nacht auf dem Berg hat es wie aus Kübeln geschüttet. Ohne die Daunen und das Dach über dem Kopf wäre es sicherlich gefährlich geworden. Obwohl er mich ständig danach gefragt hat, gebe ich ihm weder mein Zelt noch den Schlafsack. Dafür fünfzigtausend Zentralafrikanische Francs, fast achtzig Euro. Ein halbes Monatsgehalt und mehr als dreimal so viel wie er für die Tour bekommt. Viel Geld am Fuß des höchsten Berges Westafrikas. Aber er hat es sich verdient.

Fabian von Poser

Die ganze Wahrheit

Warum der Krabben-Feticheur einer Gemeinde im Norden Kameruns tatsächlich in die Zukunft blicken kann

Der Feticheur von Rhumsiki ist ein feiner Mann. Nur sah man es ihm bei unserem Besuch auf den ersten Blick nicht an. Er trug einen pyjamaartigen Kittel, der seine besten Jahre schon hinter sich hatte. Darüber hing ein zerschlissener jeansfarbener Umhang. Auf dem Kopf taumelte eine ebenfalls jeansfarbene Mütze, die sich mal nach links, mal nach rechts neigte, je nachdem, in welche Richtung sich der Feticheur gerade beugte. Die sonnengegerbte Haut in seinem Gesicht und auf den Handrücken kräuselte sich wie zerknülltes Packpapier. Die Augen blickten tiefgründig drein. Die Nase lief spitz zu, das graubärtige Kinn sah aus wie das Kinn eines klugen Mannes. Kurzum: Sini Mboula stand die Weisheit ins Gesicht geschrieben.

Wir trafen Mboula an einem heißen Nachmittag im Mai in Rhumsiki, ein tausend Meter hoch gelegenes Kaff in den Mandara-Bergen im Norden Kameruns. Wie die Zähne eines Raubfisches erhoben sich bizarre Felsnadeln aus erkalteter Lava über eine der atemberaubendsten Landschaften Kameruns. Die Sonne hing im Dunst über den erloschenen Vulkanschloten wie eine Bronzescheibe. Früher war Rhumsiki einer der meistbesuchten Orte des Landes. Seit die Terrormiliz Boko Haram aus dem benachbarten Nigeria immer wieder auch den Norden Kameruns mit ihren Anschlägen heimsucht, ist die Gegend unsicher, denn die Grenze zu dem von Leid, Armut und Terror geprägten Unglücksstaat ist von Rhumsiki kaum zwei Kilometer entfernt.

Mboula kauerte auf einem Schemel im Schatten seiner schmucklosen Lehmhütte. Sechsundneunzig Jahre sei er alt, sagte der Mann zur Begrüßung. Bereits seit acht Generationen beschäftige sich seine Familie mit Vorhersagen. Sein Alter nahm ihm keiner von uns ab, zu jung sah er dafür trotz des offensichtlichen Verschleißes in seinem Gesicht aus. Wir schätzten ihn auf Mitte siebzig. Seine Erfahrung dagegen machte Eindruck. Angeblich begann die Geschichte der Orakelei seiner Vorfahren im 16. Jahrhundert, als eine gewaltige Dürre das Land auszehrte. Der damalige Herrscher befahl, dass die Einwohner der umliegenden Dörfer einen trockenen Fluss durchqueren müssten, um den ersehnten Regen zu bekommen. Die Menschen und Tiere schickten sich daraufhin an, den Fluss zu überqueren. Anstatt sich den Tieren der Savanne wie Elefanten und Giraffen anzuschließen, folgten Sinis Vorfahren einer Krabbe. Und siehe da, noch bevor sie das andere Ufer erreichten, begann es zu regnen. Seitdem vertraut die Familie den Weissagungen der Krabbe.

Nach ein paar freundlichen Begrüßungsworten ging es los. Zu acht saßen wir im Rund, den Feticheur fest im Blick. Es war ein bisschen wie in der

Schule. Wer stellt die erste Frage? Zunächst herrschte betretene Stille. Dann kam eine Mitreisende aus der Deckung. »Werden wir eine sichere Weiterreise haben?«, übersetzte die Dolmetscherin ihre Frage. Mboula rückte seinen Schemel zurecht. Noch während die Dolmetscherin sprach, ließ der Feticheur seine Finger in eine mit feuchtem Sand gefüllte Tonschale gleiten. Vorsichtig lehnte er einige Stöckchen aus Akazienholz an die Wand der Schale, dann versenkte Mboula ein paar unförmige Tonscherben auf den Grund seines selbst gebauten Aquariums.

Nun kam die Krabbe an die Reihe. Mboula krempelte die Ärmel hoch, streckte seine Hand in einen zweiten Tonkrug und packte die Krabbe am Leib, bis er sie zappelnd zwischen seinen Fingern hielt. Was folgte, war eine absurde Szene: Mboula küsste das Tier, bespuckte es, bewegte seine Lippen in seine Richtung und flüsterte einige unverständliche Sätze. Schließlich legte er die Krabbe in die Schale mit den Stöckchen und den Scherben und positionierte den Deckel unmittelbar auf der Öffnung. Ein, zwei Minuten herrschte Stille, dann nahm der Feticheur die Krabbe heraus und deutete aus der Lage der umgeworfenen Holz- und Tonstückchen die Antwort. Es dauerte eine kleine Ewigkeit, bis das Orakel gesprochen hatte. Bis es zu Sini Mboula gesprochen hatte.

»Es wird eine anstrengende Reise, aber alles wird nach Plan verlaufen«, sagte Mboula. Doch er sagte es nicht einfach so. Er schmückte die Geschichte mit Bildern aus, mit Metaphern, denen selbst die Dolmetscherin beim Übersetzen kaum folgen konnte. Mboula sprach mit ausladenden Handbewegungen, mit an- und abschwellender Stimme, mit den gekonnten Gesten eines Schauspielers. Die ganze Weisheit eines langen Wahrsagerlebens war aus seinem Gesicht zu lesen. Hätte das Fernsehen einen Darsteller für einen Feticheur oder einen Zukunftsdeuter gesucht, Mboula wäre auf der Stelle engagiert worden.

Es ist nicht so, dass wir das alles nicht kennen. Tierische Orakel haben zu Anlässen wie großen Fußballturnieren auch bei uns Tradition. Zur WM 2010 in Südafrika rekrutierte man Krake Paul aus dem Sea Life Center in Oberhausen als Orakel, um die richtigen Ergebnisse vorherzusagen. Mit erstaunlichem Erfolg: Alle Spiele mit deutscher Beteiligung sowie das Finale zwischen Spanien und den Niederlanden sagte der Krake richtig voraus. 2014 machte das ARD-Morgenmagazin Schildkröte Momario zum Orakel, andere nannten ihre tierischen Wahrsager Flitz, ein Kugelgürteltier aus dem Chemnitzer Zoo, und Flocke, ein Humboldt-Pinguin aus dem Spreewelten-Bad im brandenburgischen Lübbenau.

Man kann über derartige Vorhersagen lachen. Man kann sich darüber lustig machen, dass ausgerechnet Krabben für die Zukunftsplanung zuständig sein sollen. Nach europäischen Maßstäben scheint es befremdlich, ein paar Krabben im Pott ernsthaft nach Künftigem zu befragen. Nicht so für viele animistische Dorfgemeinschaften Kameruns, zu denen auch die an der Grenze von Kamerun zu Nigeria lebende Volksgruppe der Kapsiki gehört.

Man muss wissen: Viele von ihnen glauben an die Kraft der Natur. Ahnen und Geister spielen für sie bis heute eine bedeutende Rolle.

Nichts lässt sich im Herzen Afrikas mit westlicher Logik erklären, nichts mit naturwissenschaftlichen Regeln. Sicher ist nur: Fachleute sprechen in solchen Fällen von Divination, abgeleitet von lateinisch divinare, vorhersehen oder von einem göttlichen Wesen inspiriert sein. Die Divination oder Auslegung der »Zeichen der Götter« ist in Afrika, aber nicht nur dort, häufig in rituell-religiöse Rituale eingebunden. Feticheure wie Mboula versuchen bei diesen Ritualen, die Zukunft aus der Veränderung von Positionen verschiedener Dinge zu lesen. In diesem Fall das Umwerfen der Holzstäbchen und Scherben, ausgelöst von einer Frischwasserkrabbe.

Ich sah mir die Krabbe in Mboulas Hand genauer an. Es war ein stattliches Tier. Beinahe faustgroß, dunkelbraun. Die Unterseite ihres Panzers dagegen strahlte in leuchtendem Gelb. Die Beine zappelten in den Händen des Feticheurs so wie es die Beine einer Krabbe eben tun, wenn man ihren Körper festhält. Ansonsten unterschied sie sich nicht wesentlich von den Krabben, die ich kannte. Weltweit gibt es circa sechstausendachthundert Krabbenarten, die ihrerseits wiederum zur Ordnung der Zehnfußkrebse gehören. Die meisten von ihnen leben in Salzwasser, nur etwa ein Fünftel in Süßwasser. Paradoxerweise verdankt Kamerun seinen Namen gerade diesen Tieren: Als der Portugiese Fernão do Pó 1472 am heutigen Wouri-Fluss bei Duala an Land ging, nannte er den Fluss wegen der vielen in ihm lebenden Krabben »Rio de Camarões«, Krabbenfluss. Daraus entstand später der Name Kamerun.

Trotz seines guten Kontakts zu den Göttern besitzt Mboula kein Haus aus Stein, kein fließend Wasser, kein Auto, keinen Fernseher und keinen Strom. Seine Mahlzeiten bestehen aus nicht viel mehr als ein paar Scheiben Weißbrot, einem Teller Hirsebrei, den man *fufu* nennt, mal mit Gemüse, mal mit etwas Fleisch. Dazu vielleicht etwas Wasser oder einen Tee. Aber die asketische Schlichtheit seines Lebens darf über eines nicht hinwegtäuschen: Mboula ist ein angesehener Mann. Einer der angesehensten in seiner Gemeinde neben dem Bürgermeister und dem Dorfältesten. Denn Feticheure werden in allen wichtigen Angelegenheiten konsultiert. Die meisten kommen, um zu erfahren, wann der richtige Zeitpunkt für die Aussaat ist, wann der rechte Moment für die Ernte. Andere konsultieren ihn in Gesundheitsfragen oder in Sachen Familienplanung.

Je länger der Nachmittag dauerte, umso mehr entwickelte sich Mboula zum Unterhalter. Immer wieder steckte der Wahrsager die Krabbe in den Topf mit den Holzstäbchen und den Tonscherben. Immer wieder zog er sie heraus, betrachtete erst die Lage der Holzstäbchen, dann die Tonscherben und interpretierte darauf den Scherbenhaufen zu so tiefgründigen Fragen wie »Bleiben alle gesund?« und »Werden wir Elefanten sehen?«. Mit der Geduld eines Engels richtete Mboula die umgestoßenen Hölzer immer wieder auf und rückte die Tonscherben zurecht, auf denen die Krabbe in wenigen Augenblicken wieder stehen würde. Kein Wunder auch: Der Einfall unserer Gruppe in sein Dorf bescherte Mboula einen unerwarteten Konjunkturaufschwung. Tausend Zentralafrikanische Francs pro Kopf, einen Euro fünfzig. Mal acht macht zwölf stattliche Euro. Andernorts im Land mehr als ein Tageslohn.

Dann war ich an der Reihe. Ich saß da und überlegte. Sollte ich nach der Liebe fragen? Nach der Gesundheit? Ich fragte den Wahrsager lieber nach etwas Unverfänglichem. »Werden wir uns mit unserer Fußballmannschaft dieses Jahr in der Liga halten können?« Mboula zögerte einen Augenblick. Dann formte er die Lippen zu einem Grinsen. »Gotze, Schweinsteiger, Muller?«, fragte der Feticheur. Ich war erstaunt über seine weltmännische Fußballkenntnis. Aber es erschien mir zwecklos, Mboula den Unterschied zu erklären. Stattdessen sagte ich nur: »Viel schlechter.« Er nickte und stellte keine weiteren Fragen.

Wieder setzte Mboula also die Krabbe in den Pott. Es rumorte und schepperte im Tonbehälter. Erst fielen die Holzstäbchen, dann die Keramikscherben. Gelächter in der Runde. Mboula gab der Krabbe Zeit, das Inventar in Unordnung zu bringen. Zwei, drei Minuten vergingen. Dann hob er den Deckel. Mboulas Rücken war jetzt zu einem S gekrümmt. Der Feticheur beugte sich über seinen Krabbentopf und versuchte etwas zu erkennen. Unter Mboulas Mütze musste es heiß gewesen sein, so viel wie er nachdachte, so tief seine Gedanken in der Anordnung der Scherben vergraben waren. Doch er nahm sie die ganze Stunde, die wir bei ihm saßen, nicht ab. Auch jetzt nicht.

»Du hast mir die Frage eines Europäers gestellt«, grummelte der Feticheur schließlich. »Ich kann darauf nur eine afrikanische Antwort geben.« Dann sagte er mit unschuldiger Miene, wohl wissend, dass nicht der Überbringer der schlechten Nachricht der Schuldige ist, sondern die höhere Macht, die das Schicksal bestimmt: »Ihr werdet absteigen. Aber nicht jetzt. Vielleicht in zwei Jahren. Oder in drei. Die ungünstige Zeit ist noch nicht gekommen.«

Ich war der Letzte in der Gruppe, der seine Frage stellen durfte, und gab mich zufrieden mit der Antwort, auch wenn die Perspektive eigentlich keinen Grund zur Zufriedenheit gab. Als die Nacht über die Hügel von Rhumsiki kroch, drückte die Dolmetscherin Mboula die abgezählten Scheine in die Hand, die wir ihr gegeben hatten. Der Feticheur strahlte. Zum Abschied schüttelte Mboula einem nach dem anderen die Hand und segnete jeden von uns, indem er seine Schuhe mit Wasser aus dem Krabbenkrug bespritzte. Nach ein paar höflichen Abschiedsformeln, die er uns in die werdende Nacht hinterherwarf, stapften wir schweigend zurück ins Camp.

Es dauerte nach unserem Besuch eine Weile, bis ich feststellen konnte, ob Mboula recht behielt. Dreieinhalb Jahre, um genau zu sein. Im ersten Jahr schafften es die »Sixpackers«, die Liga zu halten. Im zweiten Jahr auch. Doch im Jahr darauf erwischte es uns tatsächlich: dritte Liga. Man kann über Orakel dieser Art sagen, was man will. Man kann ihre Weissagungen ignorieren, man kann sie anzweifeln, man kann sie verfluchen. Doch eines steht unwiderruflich fest: Sini Mboula, der weit über die Grenzen seines Dorfes bekannte Feticheur von Rhumsiki, hatte in allen Punkten recht.

Fabian von Poser